なんで
中学生のときに
ちゃんと
学ばなかったん
だろう…

現代用語の基礎知識・編

おとなの楽習

25

敬語のおさらい

自由国民社

装画・ささめやゆき
挿画・さくらせかい

もくじ

1 章＊基本編

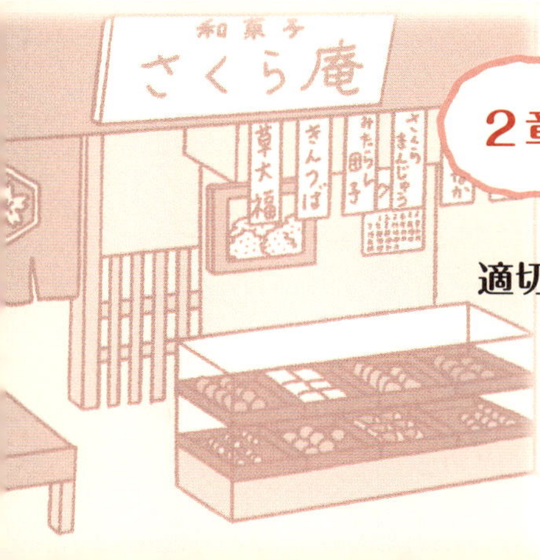

2章＊応用編

これってただしい敬語かな？

場面にあっている敬語かな？

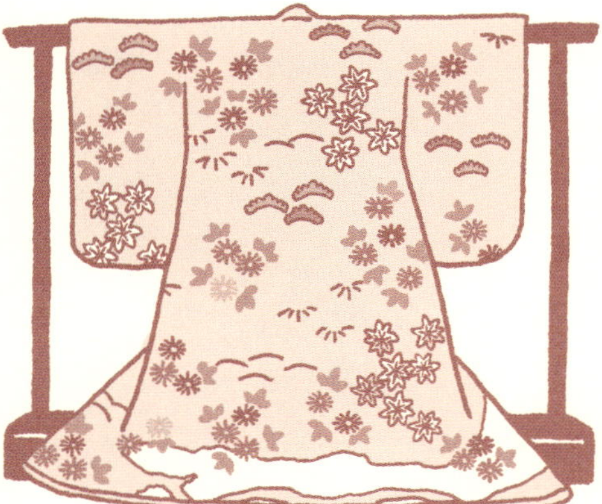

1章

基本編

◆◆◆◆◆敬語の５分類◆◆◆◆◆

私、ケイコ。東京生まれの浅草育ち。

今日、何気なく雑誌を読んでいたら……

美しさは言葉から！

５種類の敬語を操って、美しい女性を目指しましょう！

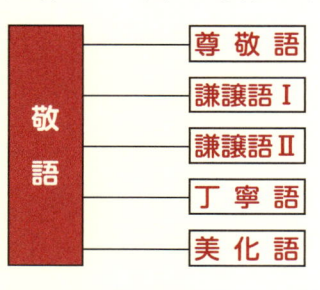

敬語
- 尊敬語
- 謙譲語Ⅰ
- 謙譲語Ⅱ
- 丁寧語
- 美化語

なんて記事が。

えっ?!　敬語って、５種類もあるの？

「です」「ます」をつけていればいいと思っていたわ。

それにしても、敬語かぁ。生まれた時からこっち、敬語なんて縁がなかったわ。よし！　勉強しなおしてみるか！

でも……一人じゃ、正しく勉強できるか不安ね……。

ん？ **「カルチャースクールで、楽しく敬語を学んでみませんか」**？

やります、やります！　早速、申込みしなくちゃ！

尊敬語

——あの人が「いらっしゃる」——

◆◆◆◆◆◆ カルチャースクール１日目 ◆◆◆◆◆◆

とりあえず、敬語には５種類あるってことは知ってるわ。さあ、やるわよ！

「ケイコさん、敬語のおさらいスクールへようこそ。
敬語が５種類あるということは、ご存知のようですね。これから私と一緒に敬語の基本を学んでいきましょう。第１回目の今日は、**尊敬語**について説明しますね。尊敬語には、次のような特徴があります。」

尊敬語「いらしゃる・おっしゃる」型

相手側または**第三者**の**行為**・**ものごと**・**状態**などについて、その人物を立てて述べるもの。

……あのぉ、さっそくですが先生。「アイテガワ」または「ダイサンシャ」って、何のことですか？

「そうですね……例えばケイコさんなら普段、尊敬語で話したほうが良いと思う相手は誰ですか？」

ソンケイ……尊敬……お世話になった先輩！　じゃなくて、ええと……彼のお父さんとか、お母さん、かな？（「彼」とか言っちゃったりして……えへっ♪）

「では、彼のお母さんを例にして説明しましょうね。ケイコさんが彼のお母さんに対して尊敬語を使うとき、次の図のような場合があります。」

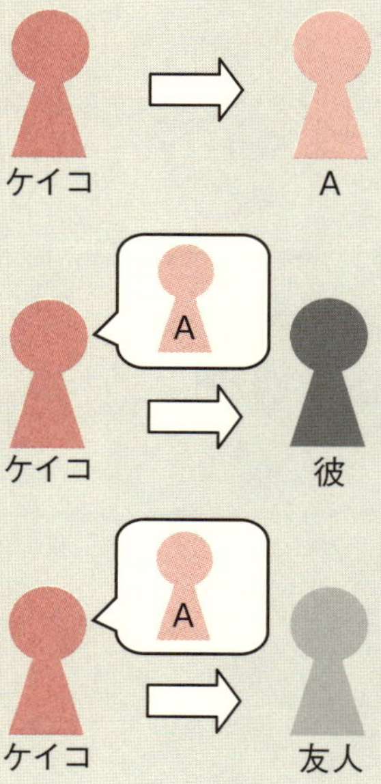

①ケイコが**A(彼のお母さん)**【＝相手】に対して、直接話をする場合。

②ケイコが**彼の家族など**（彼の父親・彼など）【＝相手側の人物】に対して、Aのことを話す場合。

③**その他の人**（ケイコの友人など）に対して、Aのことを話す場合。この場合、友人にとってAは【第三者】になる。

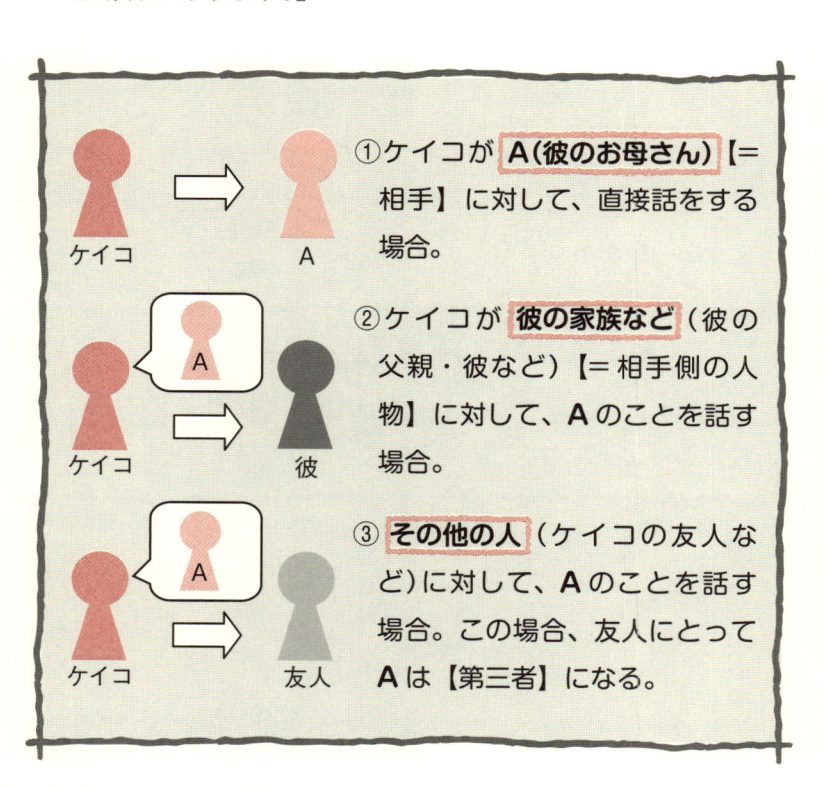

へえ……！　この図を見ると、相手と１対１で話すときだけじゃなくて、他の誰かとの会話の中でも、相手に対して尊敬語を使うんですね？

「そうです。話題に上がっている人物Ａがその場にいなくても、Ａの行為やものごと、状態などについて尊敬語を使うことで、Ａを立てることになるんですよ。」

先生。**「人物を立てる」**って、どういう意味ですか？

「いい質問ですね。私たちが尊敬語を使うのは、その人物を心から敬っている場合や、状況においてその人物を尊重する述べ方を選んだほうが良いと考える場合などです。尊敬語を使うことで、その人物を**『言葉の上で自分よりも高く位置付けて述べる』**ということになります。これを『人物を立てる』と表現するんですよ。では実際に**【お母様は来週、海外へ行く予定でしたね。】**を、尊敬語を使って言い換えてみましょうか。」

ええっ？　「お母様」なんて、先生ちょっと気が早すぎ……
う～んと……**「お母様は来週、お海外へ行く予定でございましたね。」**とか？

「お、お海外……。 相手を敬って話そうとする気持ちはわかりますよ。この場合には、次のような言い方ができます。」

お母様は来週、海外へ **行く** 予定でしたね。

敬意 ↓ **敬意**

お母様は来週、海外へ **いらっしゃる** 予定でしたね。

行為についての尊敬語

特定形

- **いらっしゃる**（←行く / 来る / いる）
- **おっしゃる**（←言う）
- **なさる**（←する）
- **召し上がる**（←食べる / 飲む）

一般形

- **お使いになる**（←使う）
- **御利用になる**（←利用する）
- **始められる**（←始める）
- **御出席**（←出席）

など

「ですから、先ほどの

【お母様は来週、海外へ行く予定でしたね。】も、

【お母様は来週、海外へお行きになる予定でしたね。】とも

言い換えることができます。では、今日はここまでにしましょう。ケイコさん、相手を敬う気持ちや尊重する気持ちを、忘れないでくださいね。」

謙譲語Ⅰ

—あなたのもとへ「うかがい」たい—

◆◆◆◆◆◆ カルチャースクール2日目 ◆◆◆◆◆◆

尊敬語については、しっかりおさらいしてきたわ。こんなに真面目に勉強したのって、いつ以来だろう……。

「ケイコさん、こんにちは。前回は尊敬語について学びましたが、なんとなく、敬語のことをわかっていただけましたか？

今回は**謙譲語**です。謙譲語は、よく理解していただくためにも２種類に分けて学んでいきましょう。

まずは、次のような特徴をもつ**謙譲語Ⅰ**についてです。」

謙譲語Ⅰ「うかがう・申し上げる」型

自分側から**相手側**または**第三者**に向かう**行為**・**ものごと**などについて、その**向かう先の人物を立てて述べる**もの。

……え？　誰から誰に向かうですって??

何だか尊敬語よりも難しそう……。

先生！　恥ずかしいけど、私にはさっぱりわかりません。

「何も恥ずかしがることはありませんよ。尊敬語よりも謙譲語の方が難しいのですから。
では、わかりやすく学ぶために、例文を使って考えてみましょう。」

先生のお宅に **行き（訪ね）** たいのですが。

敬意 ↓ **敬意**

先生のお宅に **うかがい** たいのですが。

先生！「行く」は、尊敬語の「いらっしゃる」にすればよいのでは？

「良いところに注目しましたね。確かにケイコさんの指摘はもっともですが、謙譲語Ⅰでは『行く（訪ねる）』の代わりに『うかがう』を使うことで、**【お宅】に住んでいる【先生】を立てる**述べ方をするのです。このように、『うかがう』は**〈向かう先〉の人物に対する敬語**として働きます。こうした性質をもつものが**謙譲語Ⅰ**なんですよ。」

そ、そっか。尊敬語と謙譲語Ⅰとでは、使う言葉が変わるんだ。それで、謙譲語Ⅰには、ほかにどんな言葉があるんだろう。

行為についての謙譲語Ⅰ

- **申し上げる（←言う）※特定形**
- **拝見する（←見る）※特定形**
- **お目にかかる（←会う）※特定形**

ものごとについての謙譲語Ⅰ

- （先生への）**お手紙**
- （先生への）**ご説明**

など

「では次に、尊敬語と謙譲語Ⅰの決定的な違いについてお話ししますね。次のⒶとⒷを見てください。」

Ⓐ

来週、海外へいらっしゃる予定でしたね。
話す
ケイコ

【尊敬語を使用】

Ⓑ

お宅へうかがいたいのですが。
話す
ケイコ

【謙譲語Ⅰを使用】

「Ⓐの尊敬語を使う場合は、**相手がする行為『行く』**に対して**『いらっしゃる』**を使っていましたね。一方、Ⓑの謙譲語Ⅰを使う場合はどうでしょう。相手の家に行こうと考えているのは、話をしている本人（＝ケイコ）ですね。つまり**『行く』**という**自分の行為**に対して**『うかがう』**という謙譲語を使っていることになります。Ⓑの場合は、〈向かう先〉の人物を敬うとともに、**自分をへりくだって述べている**ことになるわけです。」

①自分の行為について使う。

⇒ 先生のお宅にうかがいたいのですが。

②自分側の人物の行為について使う。

⇒ 兄が先生のお宅にうかがいまして。

③「第三者」の行為について使う。

⇒ 佐藤さんが先生のお宅にうかがったそうですね。

いずれにしても〈向かう先〉の人物（＝先生）を立てるという意味で謙譲語Ⅰを使用することができる。

「では、今日はここまで。自分を控えめにすることで相手を立てる、という表現の仕方があることを、覚えてくださいね。次回は**謙譲語Ⅱ**を学びます。」

謙譲語Ⅱ

―あなたのために「参る」のです―

◆◆◆◆◆ カルチャースクール3日目 ◆◆◆◆◆

控えめで奥ゆかしい女性になるために、
謙譲語Ⅰも、おさらいしてきたわ。
さあ、謙譲語Ⅱ。どこからでもかかって
いらっしゃい!!

「ケイコさん、今日はとても気合いが入っているようですね。
では、さっそく**謙譲語Ⅱ**について学んでいきましょう。」

謙譲語Ⅱ（丁重語）「参る・申す」型

自分側の**行為**・**ものごと**などを、話や文章の相手に対して**丁重に述べる**もの。

ふむふむ。これまでに比べれば、なんとなくわかるような気がしてきたわ。これも勉強の成果ね！
でもさぁ、「丁重に」って？
先生！「丁重に述べる」とは、どのような意味でしょうか?!

「『丁重に述べる』というのは、**『相手に失礼のないように礼儀正しく述べる』**という意味です。次のような言葉が、謙譲語Ⅱの語例ですよ。」

行為についての謙譲語Ⅱ

- 参る（←行く／来る）
- 申す（←言う）
- いたす（←する）

ものごとについての謙譲語Ⅱ

- 拙著（←著作）
- 小社（←会社）

など

「では、謙譲語Ⅱを使用した例文を挙げておきましょうね。」

明日、お宅へ**行き**ます。

丁重 ↓ **丁重**

明日、お宅へ**参り**ます。

へえ……。今度は**「行く」**が**「参る」**になるの？
どうして「うかがう」じゃだめなんだろ？
先生。この場合「うかがう」とは言わないんですか？

「良い質問です。『**行く（訪ねる）**』の代わりに『**参る**』を使うことで、話す相手や、文章を読んでいる相手に対して、自分の行為を改まって述べる言い方になります。これで、言葉に丁重さを生み出すことになるのです。このように、『参る』は**会話や文章の〈相手〉に対する敬語**として働きます。
では、謙譲語Ⅰとの違いも説明しておきましょう。」

謙譲語Ⅰと謙譲語Ⅱの違い

謙譲語Ⅰ ＝〈**向かう先**〉に対する敬語
謙譲語Ⅱ ＝〈**相手**〉に対する敬語

○「先生のところにうかがいます」
○「先生のところに参ります」
×「弟のところにうかがいます」
○「弟のところに参ります」

「謙譲語Ⅰは**〈向かう先〉に対する敬語**であるため、その相手が立てるのにふさわしい相手であることが条件になります。『弟』は立てるのにふさわしい相手とはいえないため、『うかがう』を使うことはできないのです。」

「しかし、謙譲語Ⅱは**〈相手〉に対する敬語**です。そのため『先生』にも『弟』にも『参る』を使うことができるのです。」

なるほどね。そういう違いかあ……。

「自分の行為以外についても謙譲語Ⅱを使う場合があるので、それも含めて最後にまとめておきましょうね。」

① **「明日から海外に参ります」**

⇒ 自分の行為について使う。

② **「娘は明日から海外に参ります」**

⇒ 自分の側の人物の行為について使う。

③ **「あ、バスが参りました」「子供達が大勢参りました」**

⇒「第三者」や事物について使う。

いずれにしても、会話や文章の〈相手〉に対して丁重に述べるという意味で謙譲語Ⅱを使用することができる。

謙譲語は奥深いわね……。

また、しっかりとおさらいしとかなきゃ。

「では、今日はここまでにしましょうね。」

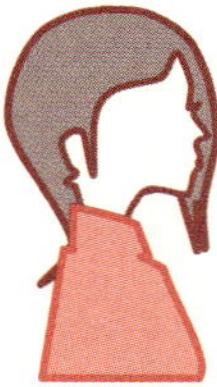

丁寧語

―言葉に丁寧さを添え「ます」―

◆◆◆◆◆◆カルチャースクール４日目◆◆◆◆◆

尊敬語でしょ……。それに謙譲語Ⅰと謙譲語Ⅱ……。どれも強敵だったわ。ふう。
でも、毎回、どんな敬語を学べるのかと思うと、楽しくなってきたわ。
あっ！　先生が「いらっしゃった」わよ。
ちなみに「いらっしゃる」は「行く」だけじゃなくて「来る」の尊敬語でもあるのよ。
どぉ？　敬語を使いこなしてるって感じがするかしら？

「ケイコさん、こんにちは。今日は嬉しそうですね。何かいいことでもありましたか？
さて、さっそくですが。ケイコさん、次の２つの文を読んでみてください。そして、それぞれからどんな印象を受けるか、考えてみてください。」

①　今日は、私の誕生日だ。
②　今日は、私の誕生日です。

①は、なんだか偉そうな言い方よね。「プレゼントよこせ！」って言ってるみたいにも聞こえるわ。それに比べて②は、控えめな気がするわね。清楚な女の人が「今日は、私の誕生日ですのよ。おほほほ……」なんて。

「いかがですか？　ケイコさん。」

はい。①の文は、威張っている印象で、②の文は控えめな印象を受けました。

「なるほど、いいですね。では、①と②の文の違いを考えてみましょう。」

① **今日は、私の誕生日だ。**

丁寧 ↓ 丁寧

② **今日は、私の誕生日です。**

「①と②の文は、それぞれ同じ内容ですが、文末が違っているのがわかりますね。このように文末に**『です』『ます』**を付け加えることで、会話や文中の〈相手〉に対して丁寧さを添えて述べることになります。これが、ケイコさんが感じた印象の違いを生み出している理由ですね。『です』『ます』は〈相手〉に対する敬語として働いています。このような敬語は**丁寧語**と呼ばれています。」

丁寧語「です・ます」型

会話や文章の相手に対して**丁寧に述べる**もの。

丁寧語かぁ。
文末をちょっと変えるだけで敬語になるっていうところがお手軽でいいわね♪
ん？　でも、謙譲語Ⅱのときに「丁重語」っていう言葉が出てきたわよ。「丁寧語」と、似てない？
先生。謙譲語Ⅱと丁寧語って、よく似た働きをしているように思うんですけど、違いがあるんですか？

「よく気付きましたね。しっかりお勉強なさっている証拠ですよ。では、２つの敬語の違いを説明しましょう。」

謙譲語Ⅱと丁寧語の違い

謙譲語Ⅱ…基本的に「自分側」のことを述べる場合に使う。「相手側」や「立てるべき相手」については使えない。

丁寧語……「自分側」のことだけに限らず、広い範囲でさまざまな内容を述べる場合に使える。

「それぞれ働きは似ていますが、使用できる範囲に違いがあるということですね。ちなみに、謙譲語Ⅱの方が丁寧語『です』『ます』よりも改まった丁重な表現になります。」

謙譲語Ⅱのほうが、丁寧語よりもっと丁寧な言い方になるわけ？　ふーん……。
でも、普段の会話への取り入れやすさでは、丁寧語の方が上ね。だって、文末を変えるだけでいいんだもん。

「ところが、謙譲語Ⅱと同程度に丁重な丁寧語もあるんですよ。それらも紹介しておきましょうね。」

丁重さの高い丁寧語　～(で)ございます

～(で)ございます は、**「です」「ます」よりさらに丁寧さの度合いが高い**丁寧語。

「私の母です」→「私の母でございます」

「おいしいです」→「おいしゅうございます」　など

「『おいしいです』というような言い方は、以前は間違いだとされてきましたが、時代が経つにつれ『形容詞＋です』という言い方も認められるようになりました。」

「～(で)ございます」っていう言い方は、「～です」よりも何だかセレブな感じ？
「お母様の手料理、大変おいしゅうございます」……なんて言ってみたりして……♪

「では、丁寧語はここまで。敬語の基本も、残すところ、あと１つです。次回もがんばりましょうね、ケイコさん。」

美化語

—身の回りを美しく整える言葉—

◆◆◆◆◆カルチャースクール５日目◆◆◆◆◆

いよいよ、敬語の種類も残すところ１つね。
ここまで、長い道のりだったわ。今までこんなに勉強したことなんて、あったかしら……。
だけど、やればできるものなのね！

あ、先生が来た。じゃなくて、先生がいらっしゃいましたわ。今日も、気合を入れて参りましょう♪

「ケイコさん。ここまでよくがんばりましたね。敬語の基本も、ようやく終着地点です。張り切って参りましょう。」

はい、よろしくお願いいたします！

「最後に学ぶのは**美化語**です。美化語とは、次のような言葉を指します。」

美化語「お酒・お料理」型

ものごとを**美化して述べる**もの。

お酒、お料理、お菓子、御祝儀　　　など

……ありゃりゃ？
最後だから、相当手強いやつを想像してたけど、意外と簡単にイケるかも？
名詞に「お」や「ご」が付いてるだけじゃん！

「美化語は、名詞に『お』『ご(御)』を付けるものがほとんどです。美化語は、会話の中に根付いているものなので、たくさん思い浮かぶと思いますよ。例えば、普段の生活の中でも、このような言い方をしていませんか？」

お買い物、お皿、お箸、お茶碗、お薬、お布団……
御祝儀、御挨拶、御結婚、御住所、御連絡先……

そうか。普段から何気なく美化語を使っていたのね。
あれ？　でも、そうしたら尊敬語の「御出席」とか、謙譲語の「お手紙」とかも「美化語」ってこと？　いったいどうなってるの？
先生。尊敬語の語例に「御出席」がありましたよね。これは「美化語」の仲間なのでしょうか？

「素晴らしい質問です。言葉のつくりは同じでも、尊敬語の『御出席』は『美化語』ではありません。『美化語』はこれまでの敬語とは、性質の異なるものなんですよ。」

美化語……誰かへの敬意を表す表現ではなく、言葉を美しく上品に見せるもの。

尊敬語……〈行為者〉や〈所有者〉を立てるもの。
「先生のお名前」の場合、名前の所有者である先生を立てることになる。

謙譲語Ⅰ…〈向かう先〉を立てるもの。

謙譲語Ⅱ…「先生へのお手紙」の場合、手紙を送る先である先生を立てることになる。

丁寧語……会話や文章の〈相手〉に丁重に、あるいは丁寧に述べるもの。

「つまり、他の敬語は〈行為者〉や〈向かう先〉、〈相手〉に対して敬意を表すものであったのに対して、美化語は誰かに対する敬語ではないのです。美化語は、文の敬語部分とバランスをとるために使われたり、慣用的に使われたりしています。」

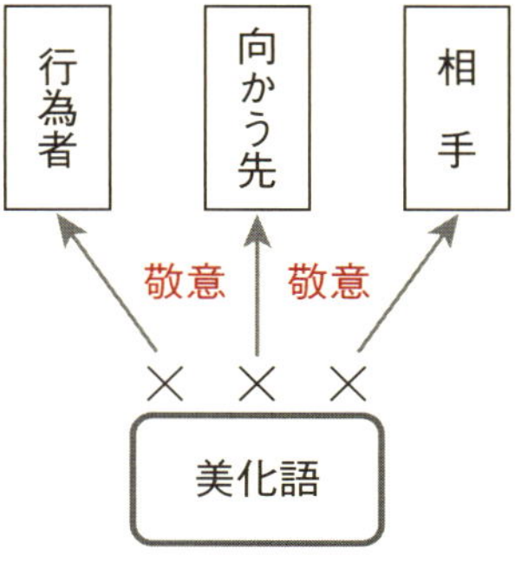

ふむふむ。確かに、他の敬語の性質と比べると、美化語だけが誰かに対して敬意を表す言葉じゃないことがよくわかるわ。
それに美化語を使った話し方、結構イイかも……？
「お母様、おケーキでも召し上がりませんか。」
なんて言い方、どうかしら??

「言葉によっては『お』や『御』のなじまないものもあるので、注意してくださいね。無理やり『おケーキ』や『おテレビ』などと言う必要はないんですよ。」

……「おケーキ」はＮＧなのね。やっぱり？
あ、でも「おまんじゅう」ならＯＫよね?!

「ケイコさん、今日で敬語の基本コースを晴れて卒業ですね。ここまで、よくがんばりましたね。でも、ここで学んだのは、あくまで敬語の基本です。これから敬語を使用する際に、困ることや迷うこともたくさんあるでしょう。そんな時は、私が監修する『敬語おたすけサイト』に質問のメールを送ってください。私が、お答えしますから。」

ほんとですか、先生！　なんてお優しいの！
では今後とも、ご指導よろしくお願いします♪

2章

応用編

◆◆◆◆◆適切な敬語を使うために◆◆◆◆◆

さて、敬語の基本をおさえてはみたものの、普段の生活の中で本当に敬語を正しく使えるのか、正直、不安……。

そんなときカルチャースクールの先生から手紙が届いたの！

拝啓　ケイコ 様

その後、いかがお過ごしでしょうか。

実際の会話の中で、いざ敬語を正しく使おうとすると、これまで学んだことだけでは対応に迷ったり、疑問を感じたりすることもあると思います。

敬語は、そのときの場面や相手に応じて、適切な言い方を選んで使う必要があります。ですから普段の会話も、常に敬語のレッスンだと思って取り組んでみてはいかがでしょう。はじめから完璧に使いこなそうとせずに、気軽にチャレンジしてくださいね。

ケイコさんが、彼や彼のお母様と良いお付き合いができるよう、応援しています。

敬具

……先生！　ありがとうございます。

実は私、彼とついにゴールインしたばかりなの……！

これからも先生の教えを胸に、きちんとした言葉遣いのできる、素敵な女性を目指します！

June
1
2
③ 結婚式!
4 新婚旅行
5
6
7
8
9
10
11
12
13
14
15
16
17
18
19
20
21
22
23
24
25
26
27
28
29
30
これってただしい
敬語かな？

ご利用される

カルチャースクールの先生にお手紙をいただいてから、私なりに、人と話すときは敬語を意識して使っていたの。

そのせいか、職場の人や家族から「最近、雰囲気変わった？」とか「女らしくなったんじゃない？」なんて言われるようになったのよ。

そうそう、そういえばこの間、彼と、お母様とお食事に行ってきたのよ。

お母様って上品だしおしゃれだし、一緒にお食事した店も、本当に素敵なところだったわ。

それなのに私ったら……！

ケイコ「素敵なお店ですね。」
お母様「お料理も、とてもおいしいんですよ。」
ケイコ「お母様、このお店、いつも**ご利用される**んですか。」
お母様「……？　ええ、まあ……。」

はぁぁ～。あれは今思い出しても、顔どころか全身から火が出そうになるわ。

食事した店は……料亭っていうの？　高級な和食のお店だったわ。

こんないいお店に「よく来るのかしら」と思って、「このお店、よく来るの？」って聞きたくて、考えたのよ私。

例えば友達が相手なら「この店、よく来てんの？」でいいけど、これを丁寧に言うには、「来てんの」を「来てるんですか」にするべきだってことはわかってるのよ。ここまではいいわよね？

それにね、「顔なじみの」とか、頻繁に出入りしてるって意味で「ここのお店、よく使ってるんだ」なんて言ったりもするじゃない？だから私、お母様にも「このお店、いつも使ってるの？」っていうノリで、気軽に話しかけたかったの。

それで、そのときひらめいたってわけ。「使う」を「利用する」って言えばいいんじゃないかって。

それをさらに、尊敬語の言い方で「利用される」にすればいいわけでしょ？　カンペキッ！

でも、なんだかいまひとつ物足りなくて「ご利用される」にしてみたのよ。そしたらお母様、不思議そうな顔して、

最近は、そのような言い方をなさる方もいらっしゃるようですけど……。

……っておっしゃったの！

これって、私の言い方がおかしかったってことよね……。

そんなわけで、ちょっと長くなっちゃったけど、このいきさつを先生にメールしてみたのよ。

あっ！　さっそく回答のメールが届いているわ。さて、何がいけなかったのかしら……。

From：先生

To：ケイコ

Question：

「このお店、いつもご利用されるんですか」と言うのは、正しい言い方ですか？

Answer：

ご質問ありがとうございます。

ケイコさんは「ご利用」+「される」という形で尊敬語の言い方をしようとしたのですね。

しかし、この場合は「お(ご)～する」という言い方が、謙譲語Ⅰの形のようにもみえます。さらに、ここに尊敬語の「れる」が付くと、「謙譲語Ⅰ＋尊敬語」という、違う種類の敬語が混じっているようにとらえられてしまうことがあるのです。そのため現状では「ご利用される」のような言い方は適切な敬語ではない、という考え方が有力なので、使わない方が賢明でしょう。

また、わからないことがありましたら、なんでも質問してくださいね。

なるほど、不自然な敬語の言い方をしてしまったようね……。よし。次こそ正しい言葉遣いができるようにしなきゃ。先生から教わったこと、しっかりメモしておこうっと。

keiko's memo

×【お母様、このお店、いつもご利用されるんですか】

○→「お母様、このお店、いつもご利用なさるんですか」

○→「お母様、このお店、いつも利用されるんですか」

★尊敬語と謙譲語が混同するような使い方をしないこと。

【お母様、このお店、いつもご利用されるんですか】

「お（ご）～する」は謙譲語　「動詞＋れる」は尊敬語

ご入浴できません

私の印象が、彼のお母様にはどんな風に映ったのかわからないけど、実はあれから、お母様とは仲良くさせてもらっているの。びっくりでしょ??

このまま順調にいけば、彼との新婚生活もとても楽しいものになるんじゃないかしら？……って思いはじめたころ、なんと、お母様から温泉旅行に誘われたの！　一緒に行く予定だったお友達が、急に行けなくなったんですって。

お母様と私と二人きりなんて緊張しちゃうけど、なんだか一歩前進って感じ♪

そして、今まさに二人で旅行中なの。一緒に街を観光して、宿では地元の新鮮な食材がたっぷりの、おいしい夕食をいただいて、露天風呂に入ってさっぱりして……ここまではイイ感じだと思ったんだけどなぁ。

う～ん、またやっちゃった??

お母様「ケイコさん、明日の朝も露天風呂に入りましょうか。」

ケイコ「お母様。この旅館の露天風呂、明日の午前中は**ご入浴できませんよ**。」

お母様「あら、そうなの。残念だわ。
それにしてもケイコさん、『ご入浴できません』は、少しおかしな言い方ね。」

えっ!?　どこがおかしいの!?

「ご利用できません」って言葉、貼り紙にも書いてあったし、よく見かけるような気がするんだけど？

「できません」っていうのは少々キツイ言い方かな、って気がしたけど、**「入浴」するのは「お母様」**でしょ。**だから尊敬語で「ご入浴」にしてみた**のよ。

それとも「ご〜になる」の形にすればよかったのかな？
だとすると「ご入浴になる」のができないってことで……「ご入浴になれない」？

これは先生に質問するしかないわね。家に帰ったら、すぐにメールしなくっちゃ。

From：先生

To：ケイコ

Question：

「ご入浴できません」という言い方は、間違っているのですか？　正しくは、どのように言えば良いのでしょう。

Answer：

自分の動作で、例えば「ご説明できません」と言うのであれば、適切な言い方です。これは「お(ご)～する」という謙譲語Ｉの形「ご説明する」の可能形「ご説明できる」が、さらに否定形となったものです。

今回のように尊敬語を使うべき場面では、**尊敬語の可能形は「お(ご)～になれる」**ですので、「ご入浴になる」は「ご入浴になれる」（可能形）となります。これをもとに、「ご入浴になれない」（否定形）→「ご入浴になれません」という言い方ができると良かったですね。

また、「ご入浴できません」に、助詞の「は」を用いて「ご入浴はできません」とすると、「ご入浴」と「できません」のつながりがなくなり、これも敬語として問題のない表現になりますよ。

なるほど。「入浴」を「ご入浴」にしたまでは良かったけど、さらに**「入浴できません」の部分まで尊敬語にするべき**だったのね。

それにしても、いざ、そのときにふさわしい敬語で話そうと思っても、なかなかうまい具合に言葉が出てこないものね……。よし！　またひとつ覚えたところで、メモ、メモ……っと。

keiko's memo

×【お母様、午前中はご入浴できませんよ】

○→「お母様、午前中はご入浴になれませんよ」

★次のように変化させて考える。

【ご入浴になる】（尊敬語にする）

→「ご入浴になれる」（可能形）

→「ご入浴になれない」（否定形）

＝「ご入浴になれません」（語尾を丁寧語にする）

おわかりにくい

温泉旅行での失敗も、ほとぼりも冷めたかな、ってころ。リビングでお母様と二人きりになったの。

しばらくは温泉旅行のことで話が弾んでいたんだけど、どうしても会話が途切れがちに……。

だって、茶道の家元でもあるお母様と私。……ギャップありすぎでしょ？

共通の話題がなかなか見つからないわ。どうしよう。

そんなとき、

お母様「ケイコさんのご実家は、浅草でしたね。浅草においしい和菓子のお店があるそうですけど、ご存知かしら？
たしか『さくら庵』というお店だったわ。」

ケイコ「『さくら庵』でしたら、私の実家の近所ですよ。でも、裏通りに面したお店なので、場所が**おわかりにくい**かと……。
よろしければ、今度ご案内しますよ。」

お母様「ありがとう、ケイコさん。そんなに『おわかりにくい』場所にあるなら、案内していただけると助かるわ。」

まさか浅草の話が出るとは思わなかったわ。

流れが一気にアウェイからホームに変わった気分よ。さあこれからどんどん盛り上がるわよっ！

それなのに私ったら、また何かおかしな言い方しちゃったみたい……。

私はただ**「裏通りにあってお店の場所がわかりにくいですよ」**ってことを伝えたかっただけなのよ。それに、**「忙しい」を尊敬語にすると「お忙しい」**でしょ？

だったら**「わかりにくい」は「おわかりにくい」**でもいいんじゃないの？　……って、こうやって悩んでても、ますますわかりにくくなるだけだわ。

先生、助けて〜！

From：先生

To：ケイコ

Question：

「場所がおわかりにくい」というのは、尊敬語の言い方としてふさわしくないのでしょうか。

Answer：

たとえば、形容詞「忙しい」などの場合は「お忙しい」でも問題はありません。しかし「わかりにくい」などの場合は、動詞の「わかる」と、「〜するのが難しい」という意味の形容詞型の接尾語「にくい」が組み合わさってできた言葉です。したがって、形容詞「忙しい」とは言葉の性質が異なるので、**「お」をつけただけでは尊敬語にはならない**んですね。

「わかりにくい」（わかり＋にくい）や「読みやすい」（読み＋やすい）のように「動詞＋形容詞型の接尾語」の組み合わせの言葉を尊敬語にするには、動詞の部分だけを尊敬語にします。「わかる」なら「おわかりになる」、「読む」なら「お読みになる」となり、それらを「〜にくい」「〜やすい」という言い方に変えれば良いのです。

そうすると、この場合は「場所がおわかりになりにくいかと……」と言うのが適切でしたね。

そうか。**言葉を分解して考える**必要があったのね。

そうすると「わかりにくい」は「わかる」と「にくい」に分解できるわけで……。

「わかる」を尊敬語で「おわかりになる」にして……、これを「〜にくい」という言い方にすれば良かったのか。

尊敬語には何でも「お」を付ければいいと思っちゃって、私も甘かったわ。

それにしてもよ、お母様ったら、さりげないけどチェックが厳しいわね？

ひょっとして私、試されているのかしら!?

keiko's memo

× 【場所がおわかりにくいかと……】

○→「場所がおわかりになりにくいかと……」

★「動詞＋形容詞型の接尾語」の場合は次のように考える。

【わかりにくい】

→「わかる」（動詞）＋「にくい」（形容詞型の接尾語）に分解する。

→「わかる」を尊敬語にする。

→「おわかりになる」＋「にくい」を組み合わせる。

＝「おわかりになりにくい」

うかがってください

私、今度お母様が主催するお茶会の、お手伝いをすることになったの。

お手伝いといっても、道具を運んだりするだけなんだけど、お抹茶たてるお茶会だもの、私ももちろん着物よ。お母様が着付けをしてくださったんだけど、帯、きつく締めすぎなんじゃございませんこと？　なんて言いたくなったわ。馴れない着物で、馴れないことして……ほんと大変だったわ。

でもね、これも嫁として認めてもらうための第一歩だと思って耐えたのよ。粗相のないように……って、一生懸命、注意してたつもりよ。それが、お客様に「荷物はどこに預ければよいですか？」って聞かれたときに……。

お客様「すみません。荷物はどこに預ければよいですか？」

ケイコ「あちらにおります受付の者に**うかがってください。**」

無事、お客様をご案内できたわ！
少しでも、お役に立てたのかしら。

でも、お茶会が終わったあと、お母様に「お客様に対して『受付の者にうかがってください』とは言いませんよ」って言われたの。

そりゃ私も、とっさのことで、「ちょっと不自然な言い方しちゃったかな？」とは思ったけどさ。

何て答えるのが良かったのかしら。

From：先生
To：ケイコ
Question：

お客様に対して「受付の者にうかがってください」と答えるのは、どこが間違っているのでしょうか。また、どのように答えるべきだったのか教えてください。

Answer：

「受付の者にうかがってください」の**「うかがう」は謙譲語Ⅰです。謙譲語Ⅰは、自分側の行為に使う敬語で、自分の行為をへりくだって述べることで、相手を立て、敬意を表現する**ものでしたね。ですから「受付の者にうかがってください」では、自分側の人、つまり「受付の者」を立てている言い方となってしまいます。

ここで立てるべき相手はお客様ですから、お客様がする行為に尊敬語を用いる必要があります。そうすると**「聞く・尋ねる」**を「お聞きになる・お尋ねになる」として、「受付の者にお聞きください」あるいは「受付の者にお尋ねください」と言うべきでしたね。

また**「受付の者にお聞きしてください」**も、**間違った使い方**です。「お聞きする」「お尋ねする」も「うかがう」と同じく自分の行為に使う謙譲語Ⅰの言い方ですから、これも「受付の者」を立てる表現になってしまい、お客様の行為に用いるにはふさわしくありません。

このような尊敬語と謙譲語Ⅰの混同は、敬語の間違った使い方としてよくあるものなので、注意してくださいね。

そういえば、前にも**尊敬語と謙譲語Ⅰの混同**について指摘されたっけ。

これは敬語の重要な点だと思うわ。次こそは、お客様に失礼のないようにしなくっちゃ！

keiko's memo

×【受付の者にうかがってください】

○→「受付の者にお聞きください」

○→「受付の者にお尋ねください」

★「うかがう」は謙譲語Ⅰなので、お客様の行為に用いるべき敬語ではない。お客様を立てるためには、尊敬語の「お聞きになる・お尋ねになる」を用いること。

謙譲語Ⅰ…自分側の行為・ものごとなどに対して使う。

尊敬語…相手側の行為・ものごとなどに対して使う。

お持ちしますか

お茶会が終わって、お客様が帰る間際、お母様とこんなことがあったの。

お母様「今日は、この後、友人の家に寄ることになっているの。お茶の道具で、お借りしたものがあるので、返しに行くのよ。」

ケイコ「そうなんですか。」

お母様「ええ。だから、ここに置いてある荷物一式、持っていかなくては。」

ケイコ「お母様、あの荷物も、ご友人のお宅に**お持ちしますか**？」

お母様「あら、ケイコさんまでいらっしゃらなくても大丈夫よ。」

ケイコ「あっ、いえ。そんなつもりじゃ……。」

お母様は、「ここに置いてある荷物一式、持って行く」っておっしゃったのよ。

荷物の包みは二つあって、一つは少し離れたところに置いてあったの。

私は、「それも一緒にお友達の家に持って行くのかしら」っていう意味で

「お母様、あの荷物も、ご友人のお宅にお持ちしますか？」

って尋ねたのよ。

それなのにお母様、私が荷物を持って友人宅まで運ぶつもりだと思ったみたい。まあ、「それじゃあ、お願い。」と言われなくてラッキーだったけど……。

誤解されないためには、どう言えば良かったの？

先生に聞いてみなくっちゃ！

From：先生

To：ケイコ

Question：

お母様に「あの荷物も、ご友人のお宅にお持ちしますか？」と尋ねたところ、私が荷物を持って友人宅に行くのだと勘違いされたようです。

私は、お母様が荷物を持って行くのかを尋ねたつもりだったのですが……。

Answer：

ケイコさんは「お母様自身が荷物を持って行くかどうか」を尋ねたかったのですね？　このような場合は「お母様、あの荷物も、ご友人のお宅にお持ちになりますか」と言うのが良いでしょう。

これも、**尊敬語を使うべきところで謙譲語Ⅰを用いてしまったため**に生じた例です。「お持ちする」は、謙譲語Ⅰの言い方ですから、このままでは「ケイコさんが荷物を持って行くかどうかを、お母様に尋ねた」ことになってしまいますね。

ですから、お母様もそのように思われたのでしょう。

トホホ……。

「持つ」を尊敬語にすればいいと思ったんだけど、尊敬語にするために「お」を付けると「お持つ」になっちゃうでしょ。それじゃおかしいから「お持ちする」っていう言い方にしてみたんだけどなぁ。

あ〜、またやっちゃったわ。

気恥ずかしい思いをするのも、これを最後にしたいものね……。

keiko's memo

×【お母様、あの荷物も、ご友人のお宅にお持ちしますか？】

○→「お母様、あの荷物も、ご友人のお宅にお持ちになりますか？」

★尊敬語「お(ご)～になる」の形を用いること。

★尊敬語と謙譲語Ⅰの混同に注意！

参ります

結婚式も済んではや一カ月。お母様は、何かとお忙しいみたいで、最近はちょっとした用事なら、私が代わりにおつかいに行くこともあるの。

そんなわけで、ここのところ、ダーリンよりもお母様と話すことの方が多いくらいよ。

お母様「ケイコさん、お願いしたいことがあるのですが……。」

ケイコ「はい。何でしょう。」

お母様「今週の土曜日、午前中のうちに、伊藤先生にお花を届けに行きたいのですけれど、私はあいにく予定が詰まっていて……。
ケイコさん、代わりに行っていただけないかしら。」

ケイコ「わかりました。では、今週の土曜日、私が伊藤先生のところに**参ります**。」

お母様「そう。本当に助かるわ。
でも、そんなに改まって言われると、なんだか申し訳ないわね。」

ケイコ「……？」

これは、また何か変な言い方をしたときのパターンだわ。
気まずい空気よ。
伊藤先生のところに「行きます」ではなくて「参ります」と言ってみたんだけど、いけなかったかしら？

「参る」は「行く」の謙譲語でしょ。私が伊藤先生のところに「行く」わけだから、私の行為に対して「参る」って、謙譲語を使えているはずよ。
それに「参ります」って、いかにも尊敬する相手のところに行くって感じがするじゃない？

相手を立てる言い方にもぴったりだと思ったんだけど……。
ねえ、先生？

From：先生
To：ケイコ
Question：
お母様に「私が伊藤先生のところに参ります」と言いました。伊藤先生を立てる気持ちで、このように言ったのですが、どこか間違っていたのでしょうか。
Answer：
「参る」は、その場で話をしている相手に対して改まって述べる働きを持つ謙譲語Ⅱの言葉です。よって、**会話の**

中に出てくる第三者を立てるための敬語ではありませんので、この言い方では、話の相手であるお母様に対する敬語として使っていることになり、伊藤先生を立てる述べ方にはならないのです。

伊藤先生を立てたいのであれば「私が伊藤先生のところにうかがいます」という言い方をするのが適切でしたね。「うかがう」は〈向かう先〉の相手を立てる働きを持つ、謙譲語Ⅰの言葉ですので、「うかがう」を用いることで〈向かう先〉である「伊藤先生」を立てる述べ方ができるわけです。

もちろん、伊藤先生と直接話す場合には「先生のところに参ります」と言えば、話の相手である伊藤先生に対する改まった述べ方となり、敬意を表すことができます。

ひとくちに「謙譲語」と言っても、**そのときに立てるべき相手が誰であるか**によって、謙譲語Ⅰと謙譲語Ⅱを区別して使う必要がありますね。

うっかりしてたわ……。そうそう、謙譲語には**謙譲語Ⅰ**と**謙譲語Ⅱ**があるんだったわ。

とにかく自分に対して謙譲語を使えばいいってわけじゃないのよね。その場で**立てるべき相手が誰なのかを考えながら、敬語を使い分ける**ようにしなくちゃ。

keiko's memo

（お母様に対して）

×【私が伊藤先生のところに参ります】

○→「私が伊藤先生のところにうかがいます」

★「参る」は謙譲語Ⅱ。謙譲語Ⅱは、話す相手に対して丁重に述べる敬語であって、話の中に出てくる第三者を立てる述べ方にはならない。

★第三者を立てたい場合は、謙譲語Ⅰの「うかがう」を用いる。

ご持参ください

私、妹から、お芝居のチケットをもらったの。お母様は観劇が好きだとおっしゃっていたから、さっそくお誘いしてみたわ。

ケイコ「お母様、来月、一緒にお芝居を観に行きませんか。ちょうど、チケットがあるんです。」

お母様「まあ、嬉しい。ありがとうケイコさん。ぜひ行きたいわ。」

ケイコ「このお芝居、衣裳や舞台装置の細かいところにまでこだわりがあるらしいですよ。

よろしければ、オペラグラスなどを**ご持参ください**。きっと楽しんでいただけますよ。」

お母様「あら、『ご持参ください』だなんて。ご丁寧にありがとう。」

携帯ショップとかでよく、

「ご契約の際は保険証または免許証をご持参ください」なんて言われるじゃない？

でも、よくよく考えたら「持参」の「参」には、「参る」みたいに謙譲語の意味があるんじゃないかしら。そうすると、お母様に対して「ご持参ください」は、ふさわしい敬語の使い方ではなかったってこと？

あ〜、このままじゃ気になってお芝居どころじゃなくなりそうだわ！　先生にメールよ、メール！

From：先生

To：ケイコ

Question：

お母様に対して「ご持参ください」という言い方は、ふさわしくなかったのでしょうか。ほかに良い言い方はありますか？

Answer：

確かに「ご持参ください」という言い方は、よく耳にしますね。この場合「参る」を自分側の行為に対して使う謙譲語Ⅱだと捉えると、適切な言い方ではないように思えますが、ここで**「ご持参ください」という表現に含まれている「参る」には、謙譲語Ⅱとしての意味合いはないと考えてもよい**のです。そのため、お母様に対して「ご持参ください」と言っても間違いではありません。

ただ、このような表現の仕方に違和感を持つ方も、少なくないようですね。ほかの言い方をするとしたら「お持ちください」などと言い換えると良いでしょう。

同様に「お申し出ください」や「お申し込みください」

などとも、謙譲語Ⅱにあたる「申す」を含んだ表現ですが、相手側の行為に対して用いても問題はありません。これらはほかに「おっしゃってください」や「ご応募ください」などと言い換えることができます。

はぁ〜、よかった！　間違ってたわけではないのね。先生に質問して確かめることができて、ほっとしたわ。

keiko's memo

○【ご持参ください】

＝「お持ちください」

★この場合には謙譲語Ⅱの「参る」の意味は含まれていないため、相手に対して「ご持参ください」と言っても問題のない敬語表現となる。

★無理して難しい言い方をしないこと！

「お」か「ご」か？

相手の動作などを尊敬語の言い方にする場合、「お(ご)〜になる」という形を用いることについては、もうおわかりですよね。

ところで､言葉の頭に「お」を付けるか､「ご」を付けるか、何となく使い分けをしている方がほとんどではないでしょうか。この使い分けには、実は、ちょっとしたルールがあるのです。

漢字の言葉で、訓読みをする和語に付く場合は、例えば「手紙」なら「お」を付けて「お手紙」となります。音読みをする漢語（中国から日本に伝わった言葉）に付く場合は、例えば「乗車」なら「ご」を付けて「ご乗車」となります。

このように、訓読みの漢字には「お」、音読みの漢字には「ご」、という具合にきっちりと使い分けができると良いのですが、このルールにあてはまらない言葉もあります。

例えば「誕生日」。音読みの漢字ですが、この場合は「お」を付けて「お誕生日」と言いますよね。そうかと思えば､「お子様のご誕生をお祝いします」と言うこともあります。

このように例外となる言葉もあるので、注意してください。

申し伝える

先日は、お母様と一緒にお芝居を観に行ってきたわ。お母様、私が薦めた通り、オペラグラスを持っていらしたの。とても楽しんでいただけたみたいで、わざわざお礼を言ってくださったのよ！

お母様「ケイコさん、一緒に観に行ったお芝居、とてもおもしろかったわ。」
ケイコ「それはよかったです。楽しんでくださって、こちらも嬉しいです。」
お母様「本当にありがとう。チケットをくださった妹さんにも、よろしくお伝えくださいね。」
ケイコ「はい。そのように**申し伝えます**。」

そう返事をしたものの……。

「申し伝えます」なんて、これってひょっとして、私の妹のことを立てる言い方になってないかしら？

今回は、気まずい雰囲気にはならなかったけど……。

From：先生

To：ケイコ

Question：

お母様に「妹さんにも、よろしくお伝えください」と言われ、「そのように申し伝えます」と答えました。

これでは私が妹に対して「申す」と、敬語で述べているようにも思えるのですが、これで良かったのでしょうか？

Answer：

「申す」は謙譲語Ⅱで、自分側の行為やものごとを、話す相手に対して丁重に述べるための敬語ですね。

ここで「申し伝える」というのは、「そのように伝える」または「そのように言う」ことを、話の相手であるお母様に対して「申し伝えます」と、謙譲語を使って答えているわけですから、ケイコさんの妹を立てる言い方にはなりません。お母様に対する敬語として、問題のない表現ですよ。

な〜んだ、心配する必要なかったのね！

それにしても、初めのころに比べると、お母様との会話もスムーズにできるようになった気がするわ。もっと自信を持たなくちゃね！

keiko's memo

○【そのように申し伝えます】

＝相手に対する敬語として使っても大丈夫。

★この場合の謙譲語Ⅱ「申す」は、話の相手（お母様）に対して「申す」と改まって述べた言い方なので、〈向かう先〉（知り合い）を立てたものにはなっていない。

※「申し伝える」は、自分側の人物（家族・友人など）に伝える場合に用いる。目上の人やお客様などに対して伝える場合には、謙譲語Ⅰで「お伝えします」などとする。

お待ちしています

最近は、ダーリンそっちのけで、お母様と仲良くやっているわ。お母様も、女同士のほうが気楽でいいみたい。

今日は、二人で銀座へ出かけたの。

買い物ついでに、お茶の教室で使う道具を探して、お茶菓子を選んで、呉服屋さんに寄って……。

手荷物も増えたから、帰りはタクシーを手配しておいたのよ。どう？　気が利くでしょ？

ケイコ「お母様、タクシーが来たようですよ。」
お母様「では、参りましょうか。
　　あら。お店に荷物を一つ、置き忘れたみたい。
　　取りに戻りたいんだけど、いいかしら？」
ケイコ「わかりました。では、運転手に少し待ってくれるよう伝えておきます。お店の前で**お待ちしています**ね。」

……お母様を待っている間、頭の中がもやもやしていたわ。

「お店の前で待ってる」って言いたくて、でもそれじゃ素っ気ない感じがしたから「お待ちしていますね」と言ったのよ。

だけど、自分が「待つ」ことに対して「お待ちする」っていう言い方をしてしまったんじゃないかと心配になってきたの。

自分の行為やものごとに「お」や「御」をつけるのは、間違いじゃなかったかしら?!

どうなの？　先生〜！

このあとお母様とレストランに行ったんだけど、気になって食事も喉を通らなかったわ！

From：先生

To：ケイコ

Question：

「お待ちしています」と言うとき、自分の動作なのに「お」を付けるのはおかしくないですか？

自分のことに「お」や「御」を付けてはいけないと習った気がするのですが……。

Answer：

ケイコさん、「お」や「御」を自分に対して付けてはいけないのは、例えば「私のお食事」「私の御意見」などのように、自分側の動作やものごとを立ててしまう場合です。この言い方では、自分側に尊敬語を使っていることになってしまいますよね。

これに対して、**自分側の動作やものごとなどに「お」や「御」を付けても問題のない場合があるのです**。それは、自分の動作やものごとが〈向かう先〉を立てる場合です。

例えば「(お母様を) お待ちする」「(お母様に) 御説明します」などのような使い方は、**相手に対して謙譲語Ⅰを用いた述べ方**となっていますので、「お」や「御」を付けることには全く問題がないのです。

また「私のお菓子」といったように、美化語として物などに用いる場合も、正しい使い方ですね。

ケイコさん、安心してください。ケイコさんはちゃんと、お母様と敬語で話せるようになってきていますよ。この調子でがんばってくださいね。

……ありがとうございます、先生！
先生になんでも尋ねられるから、ほんとに助かるわ……。

keiko's memo

○【お店の前でお待ちしていますね】

＝相手に対する敬語として使って OK。

★〈向かう先〉を立てる述べ方をする場合は、自分の動作やものごとなどに「お」や「御」が付いても問題ない。

（例）「（先生に）お尋ねしたい」（謙譲語Ⅰの用法）

「（山田さんを）御案内する」（謙譲語Ⅰの用法）

「私のお茶」（美化語）

★自分側に尊敬語を用いてしまうことになるのは、次のような使い方。

（例）「私のお考え」

「私の御旅行」

ご利用いただきまして
ありがとうございます

店　員「お待ちしておりました。いつも**ご利用いただきまして、ありがとうございます**。」

お母様「今日は、新しく着物を仕立てたいと思って参りましたの。」

店　員「はい。うかがっております。では、奥の部屋にお進みくださいませ。」

お母様「ありがとう。」

お母様「ねえ、ケイコさん。最近は『ご利用いただきましてありがとうございます』とおっしゃる方が多いようね。私の若いころは『ご利用くださいまして』という言い方をしていたように思うのだけど……。」

ケイコ「ええ、そうですわね、お母様。オホホホ……（？）」

これは、お母様御用達の呉服店にお供したときの会話よ。

店員さんは若い方だったけど、とても丁寧な言葉遣いで対応してくださったと思うわ。

それなのに、お母様、「私の若いころは……」なんて、こっそりおっしゃったのよ。私、思わず愛想笑いでごまかしちゃったけど、店員さんの言った、「ご利用いただきまして、ありがとうございます」って、そんなにおかしな言い方なのかしら？

From：先生
To：ケイコ
Question：

店員さんの「ご利用いただきまして、ありがとうございます」という言い方は、適切ではないのでしょうか。

Answer：

この場合の「ご利用いただく」は謙譲語Ⅰで「(自分側が相手側や第三者に) ご利用いただく」という意味を持っています。しかし、厳密に言えば「利用する」のは相手側や第三者ですから、尊敬語として、「(相手側や第三者が) ご利用くださる」という言い方をすることもできるのです。

ここで店員さんの言う「ご利用いただく」には、「私はあなたが利用したことを（私の利益になることだと）有難く思う」といった意味が含まれています。

相手側が「利用する」のか、自分側が「利用される」のかによって、敬語の表現は異なりますが、立てるべき対象はどちらも同じ「相手側」であり、それは恩恵を受けているという考え方を表す場合でも同じです。したがって、どちらの言い方をしても間違いではないと考えられています。

ただし、このような「いただく」の用法については、受け止め方に個人差があるようです。不適切な用法だと感じる方もいらっしゃるでしょうが、敬語としては問題ありません。

ふむふむ。「ご利用くださいまして」と言うこともできたわけだけど、店員さんの場合は**「私たちの店を利用してくれてありがとう」**っていう気持ちで**「ご利用いただきまして」**と言ってくれたのよね。きっと。

それにしても、あの呉服店で扱ってた反物っていうの？　すごく素敵だったわ。いつか、ここで仕立てた着物を着て、お母様の横に並ぶ日が来るのかしら!?

keiko's memo

○【ご利用いただきましてありがとうございます】

=「ご利用くださいましてありがとうございます」

どちらも敬語として適切な言い方である。

ご利用いただく→謙譲語Ⅰ

「自分側が相手側に利用してもらう」という意味で用いている。

ご利用くださる→尊敬語

「相手側が利用する」という意味で用いている。

発表させていただきます

ある日の昼下がり。お母様とお茶を飲みながら、テレビを観ていたの（ちゃんと、家事もやっていますよ！）。

お母様は意外と昼の情報番組が好きで、よくご覧になるのよ。番組の最後に、若い女性アナウンサーが、視聴者プレゼントの当選者発表をしていたわ。

アナウンサー　「さあ、今回の視聴者プレゼントは、極上のリゾートホテルに泊まる、豪華！　北海道５泊６日のペア旅行券です。
それでは当選者を**発表させていただきます**。当選者は……。」

ケイコ「北海道かあ。私、まだ北海道には行ったことがなくて。いつか行ってみたいと思ってるんです。」

お母様「北海道は良いところですよ。自然の景色は素晴らしいし、食べ物もおいしいし……。
それにしても、この女性アナウンサーの言葉遣いが気になるわね。『当選者を発表させていただきます』ではおかしいと思うんだけど、ケイコさんは気にならない？」

ケイコ「は、はあ……そうですね……。」

……お母様はそんな風におっしゃったけど、いくら若い人とはいえ、アナウンサーよ？　「会話」については、プロフェッショナルでしょ？

そんな人が間違った言葉遣いをするはずないと思うんだけど。私も自信なくて、また曖昧な返事しかできなかったわ。

From：先生
To：ケイコ
Question：

アナウンサーが「当選者を発表させていただきます」と言っていましたが、この言い方は適切ではないのでしょうか。

Answer：

「(お・ご)〜させていただく」という敬語の形式ですね。これは、基本的には次の二つの条件を満たす場合に使われるものと考えてください。

①　**自分側が行うことを**相手側または第三者の許可を受けて行う。
②　**そのことで**恩恵を受けるという事実や気持ちがある。

そうすると、①・②の条件をどの程度満たしているのかによって、この形式を用いるのが適切である場合と、あまり適切だとはいえない場合とが生じてくるのです。

ここでのアナウンサーの発言には、誰かの許可が必要だったり、何か恩恵を受けたりする意味合いはないと考えられます。よって①・②の条件は**あてはまりません**ので、**「それでは当選者を発表いたします」**と簡潔に言った方が良かったかもしれませんね。

また「本日、休業させていただきます。」などのような場合にも、これも①の条件がないようであれば「休業いたします」とした方が良いでしょう。

ただし、この「(お・ご)〜させていただく」という言い方は、①・②の条件を実際には満たしていなくても、状況によっては不自然ではない言い方に聞こえる場合もあるんですよ。

日常生活のどんなときに、このような言い方をすることがあるか、考えてみてはいかがでしょう。

う～ん。それなら……。

【ケイコさんと結婚させていただけますか】

……これはオッケーってことよね!?

【新婚旅行のため一週間ほど留守にさせていただきます】

……わざわざ言うのも自慢気だし嫌味っぽいかしら。

「留守にします」って、サラッと言っといたほうが良さそうね。

【彼の熱意に応えて、プロポーズを受けさせていただきました】

……おお、なかなかいいんじゃない？

アリよ、アリ！

【みなさんが暖かく見守ってくださる中で、このように素晴らしい結婚式を挙げさせていただきました】

……いいわ！　その調子よ！

……はッ？　つい思い出に浸りすぎたわ。忘れないうちに大事なことをメモしておかなきゃね。

keiko's memo

×【当選者を発表させていただきます】

○→「当選者を発表いたします」

★「(お・ご)～させていただく」を使用できる条件

① 自分側が行うことを相手側または第三者の許可を受けて行う。

② そのことで恩恵を受けるという事実や気持ちがある。

※ただし状況によっては、条件を満たしていなくても使用できる場合がある。

October
1
2
3
4
5
6
7 お茶会
8
9
10 温泉
11
12
13
14
15
16
17
18
19
20
21
22
23
24
25
26
27
28
29
30
31
場面にあっている
敬語かな？

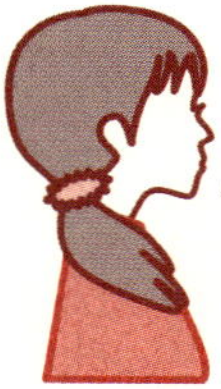

自分のこと、どう呼ぶ？

久しぶりに、ぶらりとデパートにやってきたわ。

以前、このデパートのジュエリー売り場で、指輪を見ていたの。いつかダーリンと二人で指輪を選ぶときのために、ってね。

そのとき、こんなことがあったのを思い出したわ。

男　性「結婚記念日に、**家内**にプレゼントする指輪を探しているんだけど……。」

店　員「**奥様**にプレゼントですか、素敵ですね。」

隣にいた男性と店員さんが、こんな会話をしていたの。

当時は、「はぁぁ……この男性の奥さんがうらやましい！」としか思わなかったけれど……。あれ？　**「家内」**も**「奥様」**も、**「奥さん」**と同じ意味よね？

ダーリンの書斎から拝借した辞典で調べてみると……。

「家内」…他人に対して自分の妻のことを話すときに用いる言葉。

「奥様」…他人の妻を敬っていう言い方。

そうか。「うちの家内が……」とか「社長の奥様が……」なんて言ったりするもんね。

話す相手や、そのときの状況によって、人の呼び方も変わるものなんだわ。

ところで、自分の呼び方にもいろいろあるわよね。

女性だと**「わたし」「あたし」「うち」**……とか（イイ歳して自分のこと「○○ちゃんはね～」なんて言ってる女性もいるけど、これはいいわよね？）。

男性だと**「ぼく」「おれ」**ってところかしら？

そうそう、私のダーリンてば、自分のことを「ぼく」って呼ぶのよ。かわいいでしょ～？

あ、でも、お母様の前では自分のこと「わたし」って呼んでたような気がするわ。

ダーリンも、話す相手や、そのときの状況によって、人の呼び方を変えているのかしら。

【ケイコに話すとき】

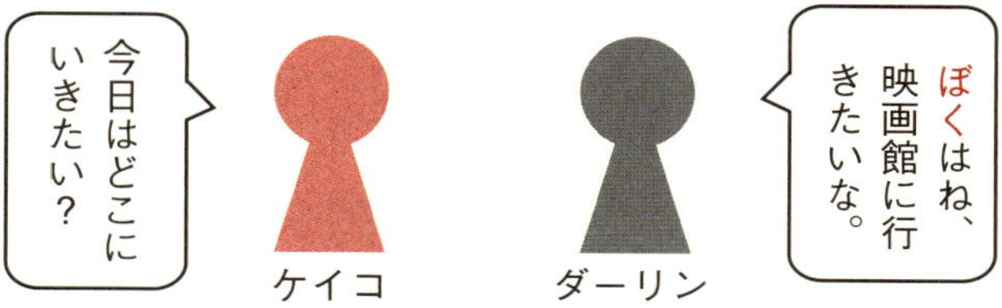
今日はどこにいきたい？
ケイコ
ぼくはね、映画館に行きたいな。
ダーリン

【お母様に話すとき】

今日のご予定は？
お母様
わたしは午後から講演会に出席する予定です。
ダーリン

【お客様の前で話すとき】

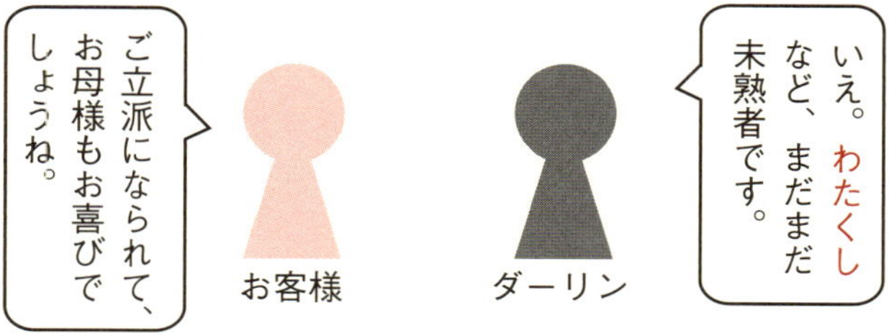
ご立派になられて、お母様もお喜びでしょうね。
お客様
いえ。わたくしなど、まだまだ未熟者です。
ダーリン

こっそり観察してみたら、３通りの呼び方を使い分けてることがわかったわ。

女性だと「わたし」だけでも通用するのに、不思議よね。

先生に聞いてみよっと。

From：先生

To：ケイコ

Question：

男性が自分のことを呼ぶとき「ぼく」「わたし」「わたくし」などがありますが、これらはどのように使い分けるものなのでしょうか？

Answer：

男性に関しては、一般的に「ぼく」は日常生活で用いる言葉です。「わたし」はやや改まった場面で用いる言葉で、「わたくし」は「わたし」よりも更に改まった公的な場面などで用いられます。よって、会議や式典、面接試験のような場合には「わたし」あるいは「わたくし」を用いるのがふさわしいとされます。

自分の呼び方は、このようにして場面ごとに適切な呼び方を選ぶ必要がありますが、必ずこうしなければいけない、という決まりがあるわけではありません。

実際には「ぼく」や「わたし」とだけ呼んでいる人もいるでしょうし、「おれ」「ぼく」や「わたし」「わたくし」などと、場面ごとに使い分ける人もいるでしょう。状況に応じて自分の呼び方を使い分けるというのは、そのときに自分をどう表現したいのかという「自己表現」の方法でもあるのです。

また、女性の場合は、基本的には「わたし」「わたくし」を、場面ごとに使い分けると良いでしょう。

さすが、私のダーリン。場面に応じた自分の呼び方を、きちんと使い分けているのね。惚れ直したわ♪

keiko's memo

【自分の呼び方】

「ぼく」

→男性が日常の生活で用いる呼び方。

「わたし」

→やや改まった場で用いる呼び方。

「わたくし」

→公的な場面など、更に改まった場で用いる呼び方。

ねえ、あなた？

実は、私、ダーリンのことは「あなた」って呼んでるの。そういえば、思い出すわ。初めてダーリンを「あなた」って呼んだ日のことを。

とっても緊張して、「あなた」って呼んだのよね。

でも相手を呼ぶとき、ほかにどんな呼び方があるのかしら。

……案外、少ないのね。

例えば、こんな感じで使えばいいのかしら？

> 先　輩「久しぶりね、ケイコ。元気そうじゃない。」
> ケイコ「お久しぶりです。**あなた**もお元気そうで何よりです。」

なんだかしっくりこないわね……。

よく知っている人に対して「あなた」なんて、少しよそよそしい気がするわ。

どうすれば適切な呼び方になるのかしら？

From：先生

To：ケイコ

Question：

「あなた」という呼び方は丁寧な言葉だと思うのですが、親しい人に対して使うには、違和感があります。

何か良い言い方はあるのでしょうか。

Answer：

「あなた」というのは、本来は「あなた（彼方）」という、遠くを指し示す言葉から生じたもので、敬意の高い言い方なのです。しかし現在では年齢や立場が同じ人、あるいは自分よりも下の立場の人に対して使われることが多く、自分より目上の人に対しては用いにくい言葉となっています。

また、「あなた」には中立的な響きもあります。そのため、目上の人だけでなく、親しい人に対する呼び方としても、やや冷たい印象があるかもしれませんね。

名前を知っている相手であれば、名前を呼ぶことによって、名前を知らない相手であれば、その人の動作などに敬語を使うことによって、「あなた」を用いずに言うこともできます。

(例)【あなたはどう思いますか】

→「田中さんはどう思いますか」

→「ご意見をお聞かせください」

ただし、会議や授業、面接試験のような場合には「あなた」を用いたやりとりが行われます。

「話す側」と「聞く側」が、互いの立場を理解している場であれば、「あなた」という呼び方でも問題なく成立するのです。

夫婦間の会話などでも、よく用いられていますよね。

うんうん。確かに、友達とか、仲の良い人からは「あなた」なんて呼ばれるよりも、名前で「○○さん」って呼ばれる方が、自然な感じがするわよね。

お互いに知っている相手なら、名前で呼びかけるのが丁寧なふるまい方だと思うわ。

keiko's memo

「あなた」と呼ぶのにふさわしい相手

○→自分と年齢や立場が同じ人

○→自分より下位の人

×→自分より立場が上の人

★「あなた」には中立的な語感があり、会議や授業、面接試験などのような改まった場で用いられることが多い。

★夫婦間では、親しみのある言葉として使用されている。

手紙の宛名はどちら様？

さて、今日は久しぶりに、お母様の買い物に同行したわ。

お母様ったら、たくさん買われるものだから、大荷物になっちゃったの。

ケイコ「お母様、お荷物を玄関まで運びましょうか。」

お母様「あ、ケイコさん。ついでに郵便物を取ってきてくださらない？
玄関脇の棚の上に置いてあるわ。」

だんだん二人の距離が縮まってきた気がしない？　嫁として認めてもらえているようで嬉しいわ♪

えっと、郵便物はこれね。全部お母様宛のお手紙みたいよ。

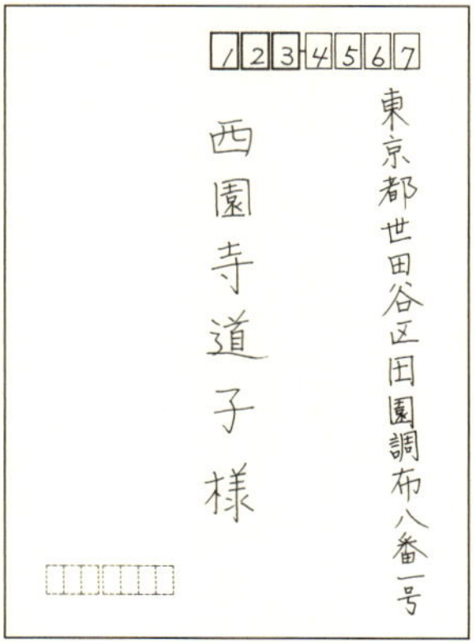

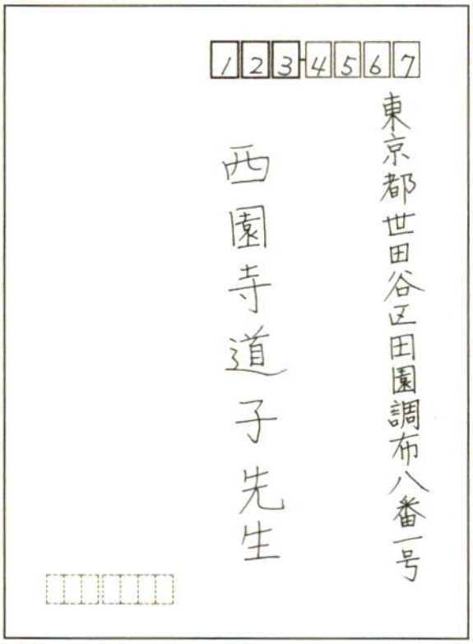

宛名に「○○様」と書かれているものと「○○先生」と書かれているものがあるわ。どれもお母様宛の手紙なのに、書き方が違うのね。

あら。これには「△△茶道教室　○○先生御中」とあるわ。
「御中」……「おんちゅう」って読むのよね？
この書き方だと、なんだかおかしくないかしら？

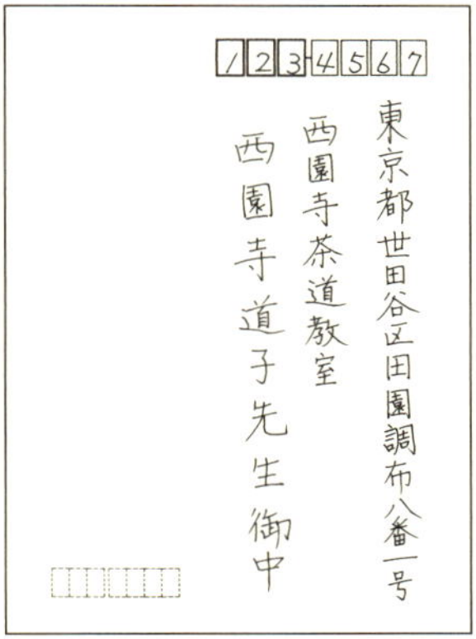

From：先生
To：ケイコ
Question：
手紙の宛名のことで質問です。先生に手紙を出す場合、宛名は「○○様」「○○先生」のどちらが良いのでしょう。また「△△茶道教室　○○先生御中」のような書き方は正しいのでしょうか。
Answer：
基本的には「○○様」で問題ありませんが、自分が生徒の立場だったり、生徒側の身内などの立場である場合には「○○先生」としたほうが適切でしょう。

【○○様】

年齢や性別などを問わず、個人名の後に付けて一般的に使われる敬称。

【○○先生】

教師、医師、弁護士、作家など、一般的に「先生」と呼ばれる特定の職業に就いている人に対して使用される敬称。

【○○御中】

会社や学校、病院などの組織や団体に宛てる場合の敬称。

ケイコさんの質問にありましたが、「御中」というのは、具体的な人ではなく、その組織などにいる関係者に宛てるという意味を表しています。そのため「△△茶道教室　○○先生御中」としてしまうのは、適切ではありません。「○○先生」という個人に宛てるわけですから、この場合は「△△茶道教室　○○先生」とすれば良いのです。

ちなみに会社宛の場合、宛名にその会社の部署、課名を記すときは「社名→部・課名→御中」の順に書きます。

その会社に勤める社員など、個人に宛てる場合は「社名→部・課名→肩書き→個人名→様」の順に書きます。

……手紙って最近なかなか書く機会がないから、宛名の書き方が少し不安だったの。

先生に聞いておいてよかったわ。

今度、先生宛にお礼の手紙を出そうかな♪

keiko's memo

◆宛名の書き方◆

【個人宛】

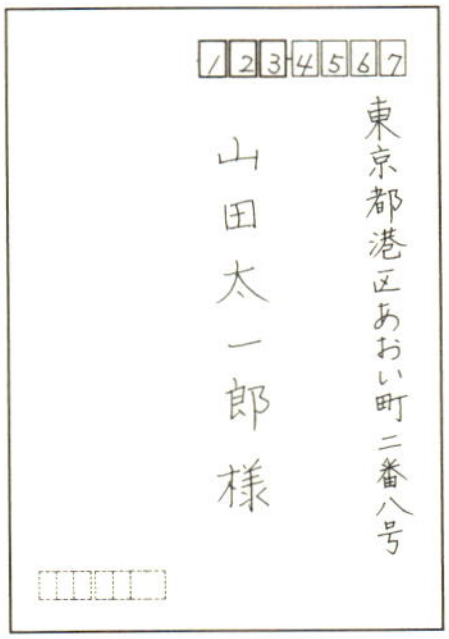

【会社宛】

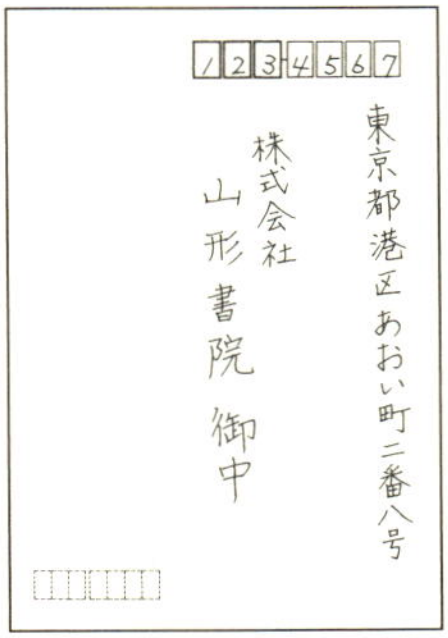

【会社の個人宛】

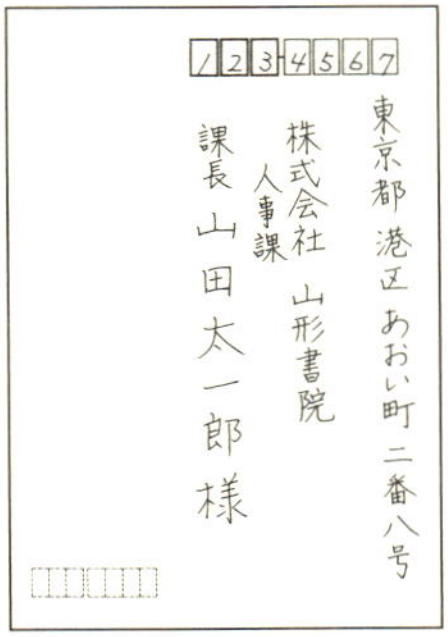

身内の呼び方

最近、とあるテレビドラマに夢中なの。え？　どんなドラマかって？　普段は冴えないサラリーマンだけど、実は政府の特命を受けて国際犯罪組織と戦う凄腕のスナイパー、櫻井係長のハードボイルド・アクションドラマよ！

主人公役の俳優さんが、ダーリンに似てかっこいいの♪

部　下「**櫻井係長**、○○証券からお電話です。先日の件で話をしたいとおっしゃってますが……。」

櫻　井「例のトラブルの件か、まいったなあ。
立花君、悪いけど適当にごまかしておいてくれる？　出張中とかなんとか言って……。」
（逃げる）

部　下「ええっ？　ちょっと、係長！
（電話をつないで）申し訳ございません。
櫻井は、本日は不在でして……。
……もう、なんで私がこんなことしなきゃいけないのよ～！」

まあ、これはよくあるいつもの光景ね。櫻井係長、こうやって、わざとダメな係長を装っているのよ。

それにしても、この立花っていう女子社員！　上司のことを「櫻井は……」なんて呼び捨てにしちゃって。

あ、でも「櫻井は……」って言ったのは、電話の相手に対してよね。櫻井係長に対しては、ちゃんと「係長」を付けて呼んでいたわ。**「社内」と「社外」で、呼び方を使い分けてる**ってことかしら？

社内っていうのは**自分側**、つまり**自分の身内**のことをいうのよね。でも、上司のような目上の人を呼び捨てにするのは、いくら本人に対してでなくても抵抗ありそうよ。

自分の家族のことを呼ぶ場合なんか、どうするのかしら？

そういえば、ここに嫁いできたころ、こんなことがあったわね。

お母様「ケイコさんが丁寧にお手入れをしてくださるおかげで、いつもお庭がきれいだわ。ありがとう。」

ケイコ「いえいえ。幼いころから、お母さんの手伝いで、よく花の世話をしていたものですから……。」

これは、穏やかな昼下がりの出来事……。庭の手入れをしていた私に、お母様が声を掛けてくださったの。

そのときの話の中で、うちのお母さんのことを、いつも呼んでいるみたいに「お母さん」って言っちゃったんだけど、なんだか不自然な気がしたのよね……？

From：先生

To：ケイコ

Question：

実母について話すときに、実母のことを「お母さん」と呼んでも良いのでしょうか？

Answer：

ケイコさんは普段、ご両親のことを、おそらく「お父さん」「お母さん」などと呼んでいらっしゃると思います。

しかし、両親のことを「第三者」〈ソト〉に対して「自分側の人物」〈ウチ〉として言う場合には、「父」「母」と呼ぶのが適切です。たとえば、面接などの改まった場面で両親のことを話すときには、基本的には「父」「母」を使う方が良いでしょう。

ただし、話す相手が親しい関係にある場合に「父」「母」

などの言い方をすると、改まりすぎているように感じられるかもしれません。そのようなときには、状況に応じて「父親・母親・おやじ・おふくろ」といった言葉を使い分けてはいかがでしょう。

ケイコさんが旦那様のお母様に、ご実家のお母さんのことを話す場合ですが、「母」もしくは「母親」としたが良いですね。ケイコさんは結婚なさって旦那様側の身内ではありますが、そこは親しくても旦那様のお母様、ということで、「親しき仲にも礼儀あり」と考えてはいかがでしょうか。

私にとって「お母さん」は、第三者から見れば私の「母親」だものね。

これから自分の身内のことを話すときは、呼び方を使い分けるように意識してみよう。「実家の母が……」なんて言い方するのも、大人の女性っぽくて素敵よね（笑）。

keiko's memo

◆身内の呼び方◆

日常生活の場	改まった場 身内以外の相手など
お父さん・おやじ	父
お母さん・おふくろ	母
おじいさん・おじいちゃん	祖父
おばあさん・おばあちゃん	祖母
お兄さん・お兄ちゃん	兄
お姉さん・お姉ちゃん	姉
伯父さん（叔父さん）	伯父（叔父）
伯母さん（叔母さん）	伯母（叔母）

お母様は西園寺先生

お母様は、ときどき、女子大の茶道部の特別講師に招かれることがあるの。その日は早くからお出かけになるのよ。

と、いうことは……。

私もこのときばかりは、一日のんびりできるってことよ♪

(別に、お母様がいなくて喜んでるわけじゃないわよ!?)

さて、お菓子を食べながらファッション誌でも読もうかなぁ……。

――Ｒｕ・Ｒｕ・Ｒｕ・Ｒｕ・Ｒｕ・Ｒｕ・Ｒｕ――

おっと、電話だわ。はいはい、今、出ますよ～。

ケイコ「はい。西園寺でございます。」

生　徒「わたくし、茶道教室でお世話になっております、松浦と申します。西園寺先生はご在宅でしょうか。」

ケイコ「申し訳ございません。本日、**西園寺先生**は不在にしております。」

生　徒「左様ですか。明日のお稽古の時間を変更させていただけないか、ご相談したかったのですが。先生のお戻りはいつごろか、ご存知でしょうか。」

ケイコ「夕方の５時ごろには戻ると思います。」
生　徒「では、そのころにもう一度お電話いたします。
　　　　それでは、失礼いたします。」

——ガチャ——

電話を切った後で、わきあがる疑問……。

松浦さんが「西園寺先生」って言ったから、つい私もお母様のことを「西園寺先生」って言っちゃったけど、なんか変よね？

だって、私にとってお母様は「先生」じゃないし。

だからって「お母様」でもおかしいような気がするわ。

これは、ファッション誌を読む前に、先生に質問よ！

From：先生
To：ケイコ
Question：

茶道教室の生徒さんに対して、教室の先生であるお母様の不在を伝えるときに「西園寺先生は不在にしております」と言いましたが、この返答の仕方で良かったのでしょうか。それとも「お母様は不在にしております」と伝えるべきだったのでしょうか。

Answer：

このような場合は、**〈ウチ・ソト〉の意識**に基づけば、教室の先生であるお母様は**〈ウチ〉**の人ですので、**〈ソト〉**の生徒さんに対しては**「西園寺は不在にしております」**と言うのが適切です。

ただし〈ウチ・ソト〉ではなく生徒さんを基準にして考えるのであれば、「西園寺先生」という呼び方でも不適切ではないとする場合もあります。〈ウチ・ソト〉の意識から離れた言い方をするなら、「先生」という呼び方もできるでしょう。

また、「お母様」という呼び方ですが、ケイコさん自身がお母様に対して、敬意をはらって使う分には問題ありませんが、**「ソト」の人に対しては使うべきではありません。**身内以外の人に対しては、「母は……」という言い方をするのが一般的ですね。

お母様は私の義理の「母」。でも、茶道教室の生徒さんにとっては「先生」だものね。話す相手の立場に合わせて言葉を選ぶことも必要なんだわ。

keiko's memo

○【西園寺先生は不在にしております】

★〈ウチ・ソト〉の意識に基づく場合

→「西園寺は不在にしております」

★生徒さんを基準にして考えた場合

→「西園寺先生は不在にしております」としても問題のない言い方とされる。

あいさつをいただく？
申し上げる？

ある日、夕食後にコーヒーを飲んでいたら、ダーリンが難しい顔をしていたの。

ダーリン「来月、祖父が古希を迎えるんだけど、僕が、そのお祝いの席の司会をすることになったんだ。それで今、司会のせりふを考えているんだけど……。」

ケイコ　「まあ、それは大変ね。」

ダーリン「最初に伯父さんにあいさつをしてもらうから……『伯父から**ごあいさつをいただきます**』かな？
それとも『伯父から**ごあいさつを申し上げます**』かな？　あれ、どっちだろ……。」

ふふふ。こんなときの強い味方、その名も「敬語おたすけサイト」に質問よ！

きっと、お祝いの席にふさわしい言い方を教えてくれるはずだわ。

From：先生

To：ケイコ

Question：

彼が、祖父の古希のお祝いの会で、司会を務めることになりました。初めに、伯父からのあいさつがあるのですが、その場合「伯父からごあいさつをいただきます」と「伯父からごあいさつを申し上げます」の、どちらを使えば良いのでしょうか。

Answer：

「伯父からごあいさつをいただきます」の**「いただく」は、相手（伯父）を立てる敬語**です。また**「ごあいさつ」も、相手を立てる尊敬語**ですね。身内の古希のお祝いなどのように、主に家族・親戚が集まるような場合には、**家族・親戚内での立場を考慮し**、彼から見て伯父は立てるべき存在として「伯父からごあいさつをいただききます」とするのが良いでしょう。

また「伯父からごあいさつを申し上げます」の**「申し上げる」**ですが、こちらは**「あいさつを聞く人たち」を立てる敬語**です。多くの人が集まる会では、家族や親戚の〈ウチ〉と、それ以外の〈ソト〉という関係が生じますので、そのような場合には「伯父からごあいさつを申し上げます」とした方が、適切な表現となります。

なるほどね。先生ありがとうございます！
早く、ダーリンに教えてあげなくちゃ。

ケイコ　「この場合は**伯父さんを立てて**『伯父からごあいさつをいただきます』でいいんじゃないかしら？」
ダーリン「そうかい？　ありがとう、ケイコ。おかげで助かるよ。」

うふふ。ダーリンのお役に立てて嬉しいわ♪
（ところで「古希のお祝い」って、何のことかしら……？）

From：先生
To：ケイコ
Question：
　敬語の質問ではないのですが、「古希」とは何ですか。
Answer：
　「古希（古稀）」とは、数え年で70歳のことを言います。「古来、70歳まで生きる人は稀である」からできた言葉です。
　このほかに、年齢を表す言葉には
・還暦……60歳　　・喜寿……77歳
・米寿……88歳　　・卒寿……90歳
などもありますよ。

70歳のことなんだ。なるほどなるほど。

敬語以外のことまで教えていただいて……。先生には頭が上がらないわね。

ともかく、お母様はまだお若いけど、長生きしてもらわなくっちゃね。

keiko's memo

★家族・親戚内の集まりの場合

○→「伯父からごあいさつをいただきます」

……謙譲語Ⅰの「いただく」と、尊敬語の「ごあいさつ」を用いた、伯父を立てる敬語表現となる。

★家族・親戚以外の人が多く集まっている場合

○→「伯父からごあいさつを申し上げます」

……謙譲語Ⅰ「申し上げる」を用いた、〈向かう先〉＝「あいさつを聞く人たち」を立てる敬語表現となる。

どちらも立てたい！

今日は、お母様にお供して、茶道協会の会合に出席することになったの。

お母様曰く「ケイコさんのことを、みなさんにも紹介しておかなくてはね」とのことよ。それは嬉しいけれど……茶道協会なんて、お母様みたいな家元の偉い人たちばかり集まっているんじゃないかしら？　そんなところに「ごあいさつ」なんて、考えただけでも緊張するわ……。何もヘマしなきゃいいけど！

あれ？　お母様が向こうで手招きしているわ。誰かとお話ししているみたい。

はい、ただいま参ります～。

お母様「綾小路会長。ご無沙汰しております。」

会　長「久しぶりですね、西園寺さん。お変わりはありませんか？
あら？　そちらのお嬢様は……。」

お母様「ご紹介が遅れて申し訳ありません。息子の嫁でございます。」

ケイコ「ケイコと申します。どうぞよろしくお願いいたします。」

会　長「こちらこそ。可愛らしい方ですね。

西園寺家のお嫁さんとして、忙しく過ごしていらっしゃるのでしょうね。」

ケイコ「初めのころに比べれば、随分お嫁さんらしくなってきたと、**お母様はおっしゃいます**が……。まだまだ未熟者でして。」

会　長「そうですか。頑張ってくださいね。」

ケイコ「はい、ありがとうございます。」

――会長が去った後――

お母様「ケイコさん。先程のような場合は、私に敬語を使わなくても良いのですよ。」

むむむ？　会長とお母様と私、三人で話をしてたわけだけど、会長はもちろん、お母様も、私にとっては立てるべき相手よ。二人に対して敬語を使うべきだと思ったんだけどなあ。

こんなとき、どうすれば良かったの？

From：先生

To：ケイコ

Question：

茶道協会の会長とお母様、私の三人で話をしました。私から見て、立てる相手が二人いた場合、それぞれに対して敬語を使うには、どのようなことに注意すれば良かったのでしょう。

Answer：

会長、お母様、ケイコさんの、三人の立場や関係をよく考えてみましょう。

お母様は、ケイコさんにとっては目上の人であっても、**お母様自身は、会長に対して「立てる対象」ではないとお考えなのだ**と思います。そのため「私には敬語は使わなくても良い」とおっしゃったのではないでしょうか。

お母様にとって会長さんが、目上の人であったり、お世話になったりしている人であるのなら、「お母様はおっしゃいますが……」ではなく「母は申しておりますが……」のように、謙譲語Ⅱを用いて改まった言い方をするのが適切でしょう。

また、〈ウチ・ソト〉の意識に基づいても、同様の考え方ができると思います。話の聞き手である会長さんは〈ソト〉の人ですから、〈ウチ〉の人であるお母様を立てずに、会長さんに対して改まった表現を用いるべきだと考えると良いでしょう。

三人以上で話すときは、相手の立場や関係性に要注意ね。
茶道協会なんて、私からすればみんな目上の人ばかりなのに……立場関係を把握するのも大変そうだわ！

keiko's memo

（会長）＞（お母様）＞（私）という関係のとき

×→「お母様はおっしゃいますが……」

○→「母は申しておりますが……」

★二人の上位者に対して敬語を使う場合、お互いの立場や関係を考える必要がある。

◆◆◆◆◆褒めるとき・褒められるとき◆◆◆◆◆

ダーリン「おかえりなさい。今日も随分、買い物をしましたね。」

お母様「ええ、つい。でも、ケイコさんが荷物を持ってくださったり、帰りのタクシーを手配してくださったりして助かったわ。**ケイコさんて、ほんとに気の利く方ね。**」

……お母様がダーリンに、そんなふうに話しているのが聞こえたの。思わず耳を疑っちゃったけど、私、お母様に褒められたのよね？

嬉しい！

目上の人に褒められるのって、気分がいいわ。私って、褒められると伸びるタイプなのよ♪

ところで、年齢や立場が自分よりも上の人を褒めたいときは、どんな言葉遣いをすればいいのかしらね？

「ご苦労さま」と「お疲れさま」

今日のお茶会は、お母様のお師匠である伊藤先生に、お点前を披露していただいたの（ちなみに「お点前」は、茶道の作法やお茶を入れる手順などのことよ！）。

伊藤先生のお点前を間近で拝見できるなんて滅多にないことだって、教室の生徒さんたちが喜んでいたわ。

さて、お茶会も無事に終わり、伊藤先生が帰られるとき……。

お 母 様「伊藤先生。今日は本当にありがとうございました。」

伊藤先生「こちらこそ。楽しい時間を過ごさせてもらって、感謝しているわ。」

ケ イ コ「伊藤先生。どうも**ご苦労さまでした。**」

伊藤先生「ケイコさんも、いろいろと手伝ってくださって、ご苦労さまでしたね。それでは失礼いたします。」

——その後——

お 母 様「ケイコさん。今日はお疲れさま。
でも、伊藤先生に対して『ご苦労さま』は、いけませんね。」

……久々にお母様から注意されちゃった……。

「ご苦労さま」じゃ、いけなかったの？

しっかり、丁寧にあいさつしたつもりだったのに。ショックだわ……。

From：先生

To：ケイコ

Question：

お茶のお点前を披露してくださった伊藤先生に「どうもご苦労さまでした」と言ったところ、お母様に注意されてしまいました。この場合、どのように言えば良かったのでしょう。

Answer：

「ご苦労さま」は基本的には、自分側のために仕事をしてくれた人（例えば、店員さんや配達の人）などに対して「ねぎらい」の気持ちを込めて用いる表現です。

この「ねぎらい」というのは、立場が上の人から下の人に向けたものとなるため、目上の人に「ご苦労さま」とは言わない方が良いのです。ですから、お茶のお点前を披露してくださった伊藤先生に対しては「どうもありがとうございました」と、感謝の表現をした方が良かったですね。

また**「お疲れさま」**も「ねぎらい」の気持ちを込めて使われる表現で、一緒に仕事をした相手などに声を掛け合う場合にも、よく用いられています。
そのような状況であれば「お疲れさまでございました」などと言えば、目上の人に対しても問題のない表現として使うことができます。

そうよ。伊藤先生には「ありがとうございました」っていう感謝の気持ちをそのまま伝えればよかったのよ。

まずは、その場で素直に感謝やお礼の気持ちを述べることが、相手に対する、一番の敬意の表し方なんじゃないかしら。

keiko's memo

（目上の人に対して）

×→「ご苦労さまでした」

○→「ありがとうございました」

★「ご苦労さま」は、自分側のために仕事をしてくれた人に対して「ねぎらい」の気持ちを込めて用いる言い方。目上の人には用いない。

★「お疲れさま」は、互いに声を掛け合うような場合に、相手に対して「ねぎらい」の気持ちを込めて用いる言い方。「お疲れさまでございました」とすれば、目上の人に使っても問題のない言い方となる。

「お上手」は褒め言葉？

お母様「ねえ、ケイコさん。ケイコさんも、そろそろお茶のお作法くらい、勉強してみてはどうかしら。」

ケイコ「えっ、お作法？　……私がですか??」

ひぇ〜ッ！　そりゃ今までお茶会を見学したり、お手伝いしたりもしたけど、私がお茶を習うなんてことは考えてなかったわ！　敬語の勉強より難しいでしょ!?

――和室にて――

お母様「あまり堅苦しく考えずにね。まずは立ち居振る舞いからお教えするわ。

正座のときは背筋をまっすぐ伸ばして……顎は少し引いてね。手は軽く拳を握るようにして膝の上に……足の踵は、足の親指が重なる程度に開いて……。」

ケイコ「……（すでに足がしびれてきたわ……もう限界）。」

お母様「あら、ケイコさん大丈夫？」
ケイコ「あっ、はい。大丈夫です。正座に馴れていないもので……すみません。」
お母様「最初はみなさん、正座には苦労されるんですよ。でも、座り方のイメージはつかめましたか？」
ケイコ「ええ。だいたいイメージできました。お母様は、やはり教え方が**お上手なんですね**。」
お母様「あら、そう……？」

あらら？　久々に気まずいパターン??
しかも私、今、足がしびれて体を起こせないし、すっごく変なポーズのままに違いないわ。
これはもう、笑うしかないわね。あはは……はは……。

From：先生
To：ケイコ
Question：

わかりやすく教えてくださったお母様に対して「お母様は教え方がお上手ですね」という言い方をしたのですが、これは適切ではなかったのでしょうか。

Answer：

相手を褒めたい気持ちを表現すること自体に問題はあり

ませんが、**相手との関係や状況、事柄についてよく考えたうえ**で、言い方に気を付けるようにしたほうが良いですね。

今回の場合のように、能力や技術を褒めるということは、その専門的な能力や技術を評価するということでもあります。そのため、**相手を評価できる立場にない人が相手を褒めるというのは、適切だとは言えない**でしょう。

自分が相手から教えを受けた立場であれば、褒めるよりも「わかりやすく教えていただき、ありがとうございました」のように、感謝やお礼の気持ちを率直に伝えたほうが良いですね。

また、相手の身に付けるものや容姿などを褒めることもありますが、このようなことは、基本的には家族や友人のように、親しい人たちとの間だけにしておくのが無難です。特に親しい間柄ではない人や、目上の人が相手の場合には、なれなれしいと思われることもあるかもしれません。

そうよね。
茶道の家元を褒めるなんて恐れ多いわよ。それなのに私ったら……。

これじゃあ、きっとお母様も呆れていらっしゃるに違いないわ。とほほ。

keiko's memo

（目上の人に対して）

×【教え方がお上手ですね】

○→「わかりやすく教えていただき、ありがとうございます」

★能力や技術を褒めること＝相手を評価することでもある。ついて褒めることは適切ではない。感謝やお礼の気持ちを率直に伝えた方が良い。

「とんでもございません」は、とんでもない？

今日の晩御飯は、腕によりをかけて、カレーライスにしたのよ。え？　カレーライス程度で大げさですって？

これは、ダーリンに褒めてもらえる唯一の手料理なのよ♪（自慢になってないかしら？）

簡単にできるし、献立に迷ったときはカレーライスよね！

お母様「あら、いいにおい。夕食はカレーライスね。」
ケイコ「ええ。お母様。
ヒロシさん（ダーリンのことよ！）は仕事で少し遅くなるらしいので、どうぞ先に召し上がってください。」
お母様「あら、そうなの。では先にいただこうかしら。」

――食べる――

ケイコ「いかがですか。お口に合いますかしら。」
お母様「とてもおいしいわ。ケイコさんはカレーを作るのがお上手なのね。」
ケイコ「そんな、『お上手』なんて。**とんでもございません**わ、お母様ったら♪」

お母様に「お上手なのね」と言われて、つい「とんでもございません」なんて言っちゃったけど。相手に褒めてもらったときの返事として、正しい言い方なのかしら？

だんだん気になってきたわ……。

カレーを食べたら、先生に聞いてみよう。

From：先生

To：ケイコ

Question：

お母様に褒められたとき「とんでもございません」と言ったのですが、このような表現の仕方は間違っているのでしょうか。

Answer：

「とんでもございません（とんでもありません）」は、**相手からの褒め言葉や称賛などを、軽く打ち消すことで謙遜するときの表現**です。

現在では、このような状況で使用することに問題はないと考えられていますが、この言い方を使わない方が良いとする意見もあります。その理由についても考えてみましょう。

「とんでもございません」が不適切な言い方とされるのは「とんでもない」という語が形容詞であり、その**語尾の「ない」の部分だけを「ございません」と変化させるのは**

おかしいという理由からです。したがって厳密に言えば、「とんでもない」を丁寧にした表現は「とんでもございません」ではなく、

「とんでもないです」

「とんでもないことでございます」

「とんでものうございます」

としたほうが望ましいといえるのです。

ただし、使う状況によっては「とんでもないことでございます」は謙遜の意味ではなく「あなたが褒めたことはとんでもないことだ」（非常識だ・有り得ないことだ）という意味に受け取られる場合もあるということを、知っておくと良いでしょう。

自分のことを謙遜する言い方としては、間違いではなかったみたい。でも、場合によっては違う意味に捉えられることもあるのね、難しいわ……。

keiko's memo

【とんでもございません】

○→「とんでもないです」

○→「とんでもないことでございます」

○→「とんでものうございます」

★謙遜して、相手の褒め言葉や称賛などを軽く打ち消した言い方として使われるが、厳密には形容詞「とんでもない」の丁寧な言い方を用いるのが望ましい。

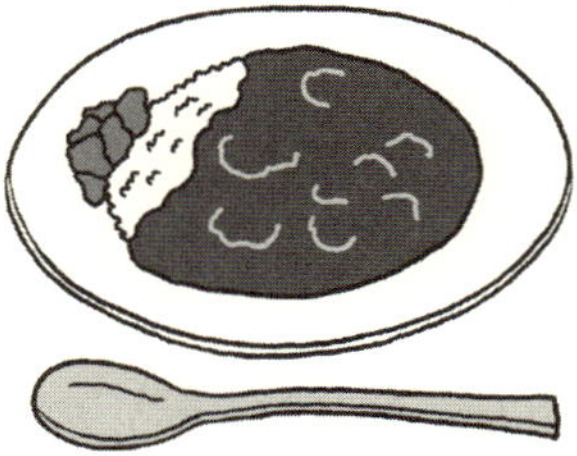

◆◆◆◆◆尋ねるとき◆◆◆◆◆

先週、浅草にある実家に久しぶりに帰ってみたの。特に用事があったわけでもないけど、たまには両親に元気な顔を見せておこうと思って。

それにしても浅草って、外国人観光客で随分にぎわっているのね。あちこちから、異国の言葉が聞こえてくるわ……。

あっ、こっちに向かってくる人がいる!?

外国人「Excuse me. Would you take my picture?」
（すみません。写真を撮ってもらえますか？）

ケイコ「えっ？
困ったわ。何て言ってるのかしら……。」

外国人「Can you speak English?」
（英語を話すことはできますか？）

ケイコ「No, no. I'm sorry!」

……びっくりした。いきなり話しかけてくるんだもん！
かろうじて「Can you speak English?」は聞き取れたけど、「I'm sorry!」って言って、逃げてきちゃった。はぁ……我ながら情けない。

でも、これだけ海外から日本を訪れる人が多いということは、日本に興味を持っている人がたくさんいるってことだと思うわ。

日本の茶道を体験してみたい外国の人だっているんじゃないかしら。私も英会話くらい、勉強しておいたほうがいいのかな？

ところで、お母様は英語を話すことができるのかしら。もしかしたら、すでに英語ペラペラだったりして……それも有り得るわね。今度、お母様に聞いてみようかしら。

と、いうわけで、今回は相手にものを尋ねる場合について考えてみるわね。お母様のような目上の人に対してものを尋ねるのって、なんだか勇気がいるわよ。

はたして、正しい敬語で尋ねることができるのかしら……。

私の、笑いあり涙ありの失敗談（？）三本立てでお送りします。どうぞご覧あれ。

お母様、お出来になるの？

今日は、女子大の茶道部に、お母様が茶道部を教えに行かれる日よ。心なしか、お着物もお化粧も、いつもより明るめで華やかな感じがするわ。

ケイコ「お母様、茶道部の様子はいかがですか？」
お母様「どの生徒も素直で、教えがいがありますよ。
それに、若い方と話をするのも、いろいろと刺激になって良いものですね。」
ケイコ「それは、よろしかったですね。」
お母様「そうそう、今日は日本舞踊の部活動にも、講師として参加させていただくんですよ。」
ケイコ「えっ。お母様、日本舞踊も**お出来になるんですか**?!」
お母様「……ええ、そうですのよ。ケイコさんはご存じじゃなかったかしら？」

……まさか、お母様が茶道の家元でありながら日本舞踊も出来るなんて思わなかったから「日本舞踊もお出来になるんですか!?」って、驚いてしまったわ。

でも、よくよく考えたら、お母様が日本舞踊くらい嗜んでいらしても、不思議ではないわよね。ちょっと失礼な言い方に聞こえたかしら……。

先生にお尋ねしたいけど、どうしようかな……。

お母様もお飲みになりたい？

さっきのこと、お母様が気にしていなければいいけど。
はぁ……。コーヒーでも飲んで落ち着こう。
あら、ダーリンもキッチンにやって来たわ。

ケイコ　「今からコーヒーをいれるところなの。あなたもいかが？」
ダーリン「ありがとう。一杯もらおうかな。ところでコーヒー豆、替えたの？　いい香りがするね。」
ケイコ　「そうなの。いつものお店で、店員さんおすすめのブレンドを買ってみたのよ。」
お母様　「あら。コーヒーのいい香りね。」
ケイコ　「ちょうど今、いれたばかりなんです。お母様も**お飲みになりたい**ですか？」
お母様　「ええ……。そうね。まだ時間もあることだし、せっかくだから、お願いしようかしら。」
ケイコ　「では、リビングまでお持ちしますね。」

……って、にこやかに返事をしたものの。

「お母様もお飲みになりたいですか？」なんて言い方、まずくなかった？　「コーヒー飲みたければ、用意しますけど？」みたいな、高飛車な言い方に聞こえなかった??

もちろん、そんなつもりは微塵もないわよ。ただ、お母様がコーヒーを飲みたいかどうかを尋ねたかっただけだもの！　もっと上手な言い方があったかしら？

どこへいらっしゃるつもり？

今すぐにでも先生に質問メールを送りたい気分だけど、せっかくいれたコーヒーが冷めちゃうわ。

ここはとにかく、何でもないふりをしてコーヒーを運ぶのよ、ケイコ！

ケイコ　「お母様、お待たせしました。」

お母様　「ありがとう。いただくわね。

……あら、とってもおいしいコーヒーだわ。」

ケイコ　「ありがとうございます。」

ダーリン「母さん。そういえば去年の夏は、父さんと二人で伊豆の温泉に行ったよね。今年も、どこかへ出掛けるの？」

お母様　「ええ。行き先はもう決めてあるのよ。」

ケイコ　「旅行ですか。いいですね。**どこへいらっしゃるつもりですか**？」

お母様　「今年は、草津温泉に行く予定なのよ。」

……またしても、気になるパターン。

お母様に「どこへ行くつもりですか？」って聞きたくて、「どこへいらっしゃるつもりですか？」って尋ねたのよ。敬語としては間違っていないはずなんだけど、どうもすっきりしないのよね。こんな言い方で良かったのかしら。

今まで敬語の勉強をしてきたのに、ここで一日に三度も失敗したかと思うと、さすがにへこむわよ。先生、どうすればいいの?!

From：先生

To：ケイコ

Question：

お母様への尋ね方として

・**お出来になるんですか**

・**お飲みになりたいですか**

・**どこへいらっしゃるつもりですか**

と言うのは、敬語としては間違っていないと思うのですが、どこか不自然な気もします。

ほかに適切な言い方や表現があるのでしょうか。

Answer：

「お出来になりますか」「お飲みになりたいですか」「いらっしゃるつもりですか」などは、敬語の形自体に問題はありません。ただし、**上位者（この場合はお母様）に対して、その能力や意思、願望などを直接尋ねているという点には、問題があるといえます。**

立場的に下位にいる人物が、上位にいる人物に対して「～

できるのか」と直接問うことは、相手の能力を測るような趣旨に取られてしまいます。また「何を好むのか」「何がしたいのか」「何をするつもりなのか」といったことを問うことは、その上位者の心の内部に踏み込むことになるともいえるのです（言い方や態度によっては、上位者が下位者に対して問う場合にも、同様の問題があるといえます）。このような場合には、直接的な表現を避けることによって問いかけることは可能です。

では、それぞれについて、どのような言い方をするのが良かったのでしょうか。

・**「日本舞踊もお出来になるんですか」**

これは「日本舞踊もなさるんですか」として、事実を問う形にすることで直接的な表現を避けることができます。

似た例として「英語もお話しになれますか」も「英語をお話しになりますか」とすることで、可能かどうかではなく事実を問う形になります。

・**「コーヒーをお飲みになりたいですか」**

これは「コーヒーをお飲みになりますか」とするか、または、相手にコーヒーをいれてあげたいという意味であれば「コーヒーはいかがですか」という表現にすると、十分にその意図を表すことができるでしょう。

・「どこへいらっしゃるつもりですか」

これは「どちらへいらっしゃいますか」という言い方であれば、それほど抵抗なく受け入れられるはずです。

このように、可能や意志、願望などを問う表現を含むか含まないかで、相手に与える印象は大きく変わってくるということを覚えておいてくださいね。

出来るか出来ないかを相手に直接問うというのは、確かに失礼なことかも。せっかく敬語を使っていても、相手への配慮が欠けていてはいけないわ。これからは、もっと気を付けて話すようにしなきゃね。敬語って奥深いわ～。

keiko's memo

×【日本舞踊もお出来になるんですか】

○→「日本舞踊もなさるんですか」

＝事実を問う形

×【コーヒーをお飲みになりたいですか】

○→「コーヒーをお飲みになりますか」

＝事実を問う形

○→「コーヒーはいかがですか。」

＝提供したい意思を伝達

×【どこへいらっしゃるつもりですか】

○→「どちらへいらっしゃいますか」

★上位者に対して、その能力や意思、願望などを直接尋ねることは、相手に失礼な印象を与えることにもなる。直接的な表現を避ける言い方を心がけること。

◆◆◆◆◆お願い◆◆◆◆◆

毎朝、ダーリンは決まって私に言うの。
「コーヒーいれてくれる？」って。

これは、私がダーリンによく言う言葉よ。
「今日は、早く帰って来てね。」

こうやって考えると、普段、人にお願いしたり、お願いされたりするシチュエーションって、結構あるのよね。

ちなみにお母様は「ケイコさん、お手伝いしてくださるかしら？」って、毎日のようにおっしゃるわ。
ま、それは置いておいて……。

ふと、疑問に思ったんだけど。**私がお母様にお願いする場合は、どんな風に言えばいいのかしら。**
お母様に頼むんだから、きちんとした言い方でお願いしなきゃ失礼になるじゃない？　丁寧に、気持ちを込めてお願いしていることが相手に伝わるようにするには、どうしたらいいのかしら。

○○していただきます

今日は、茶室の掃除と片付けを手伝ってもらうために、生徒さんに少し早めに来ていただいたのよ。後からお出でになるお母様に代わって、私が指示を頼まれているんだけど、掃除と片付けをするってことしか聞いていないのよね……。

生　徒「ケイコさん。今日は、お稽古の前に茶室の掃除と片付けをするよううかがっていたのですが。何からお手伝いしたらよろしいですか？」

ケイコ「そうですね。
松浦さんには茶室を掃除していただきます。
それから、立山さんには荷物を倉庫に運んでいただいて……。」

とりあえず作業を割り振ってみたけど、私が生徒さんたちに指示を出すのも、なんだか気が引けるのよね。「掃除をしていただきます」って、丁寧なお願いの仕方を心がけたつもりだけど、ひょっとして、きつい言い方に聞こえなかったかしら？
（まさか「茶道教室の嫁に命令されて掃除させられた」なんて、思われてないでしょうね?!）

From：先生

To：ケイコ

Question：

お母様に代わって生徒さんにお手伝いを頼むときに「掃除をしていただきます」と言いましたが、きつい言い方に思われたのではないかと心配です。相手の気を悪くしないようにお願いするには、どのような言い方をすれば良いのでしょう。

Answer：

今回のように自分が責任者ではない場合は、「掃除をしていただきます」のように、自分が決定権を持っているような表現をせず、「掃除をしていただけますか」など、相手に判断をゆだねるような表現を用いた方が良いですね。また「これお願いできますか」「お願いしてもいいですか」といった表現を用いれば、相手にきつい言い方だという印象を持たれずに済むでしょう。

複数の人たちで仕事をするときに、**その仕事の方針や方向などを決めるのが誰であるかということは、言語表現を決定するためにも大切な要素**です。明らかに決定権を持っている人が「○○していただきます」と言うのは構いませんが、その場合でもすべてを自分が決めてしまうのではなく、相手や第三者の意思も尊重するという姿勢を示した方が、丁寧な表現になりますね。

そうよ。丁寧さを欠くようなお願いの仕方はいけないと思うわ。誰だって、そんなお願いのされ方は嫌なはずだもの。

私も、もう少し良く考えるべきだったわね。

keiko's memo

（自分が責任者でない場合）

×【掃除をしていただきます】

○→「掃除をしていただけますか」

○→「掃除をお願いできますか」

○→「掃除をお願いしてもいいですか」

★特に、自分がその場の責任者でない場合（自分に決定権のない場合）や、複数で協力してもらうような場合には、相手に判断をゆだねるような表現にしたほうが、丁寧なお願いの仕方となる。

この席での喫煙はご遠慮いただきます

最近は、どこの飲食店に行っても喫煙のできる場所とできない場所に分かれています。中には、喫煙のできない時間帯を設けているお店もありますね。

さて、

この席での喫煙はご遠慮いただきます

という貼り紙があったら、あなたはどのように感じますか？　お店側がお客さんにお願いしているのですが、厳しい口調にも感じられますね。

では、

この席での喫煙はご遠慮ください

に変えてみるとどうでしょう。このように「～してください」と依頼する表現にした方が、やわらかい印象を受けませんか。

このように言い方を少し工夫するだけで、言葉の印象は大きく変化するのですね。

これ、お願いします

私の嫁いだ西園寺家は、都心の某高級住宅街にあるの。お庭は趣のある日本庭園で、大きな池には錦鯉、お茶室もいくつかあって、それぞれに趣向が凝らされているわ。住まいは、ダーリンのひいおじいさんの代に建てられたそうだけど、歴史と風格を感じさせる日本のお屋敷って感じよ。とにかく広くて立派、の一言に尽きるわね。

この周辺は、代々この場所に住んでいらっしゃる方が多いみたいだから、ご近所同士、仲が良さそうなの。

私はこの家に来て日が浅いから、まだ近所の人たちとは、あまり面識がないんだけどね。

——ピーンポーン♪——

あら、朝早くから、どなたかしら？

……玄関先に上品そうな年配のご婦人が立っていらっしゃるけど、ご近所の方？

手に紙袋を提げているわね。何のご用かしら。

婦　人「朝早くから、すみません。わたくし、町内会の役員をしております、伊集院と申します。」
ケイコ「お世話になっております。」
婦　人「あの、お母様はいらっしゃいますかしら？」
ケイコ「申し訳ございません。母は、昨日から京都へ出かけておりまして……。」
婦　人「そうですか。では、**これ、お願いします**。」

そう言って渡された、紙袋。

お、重いッ?!　あの、これ何ですか？

私が戸惑っている間に、ご婦人はさっさと帰っちゃうし。いったい何が入ってるの、この紙袋。

えーと、なになに？　「本年度町内会予算案」「廃品回収の実施について」「町内災害時避難場所ＭＡＰ」……などなど。

なぁんだ、これを回覧しろってことなの？

でも、**いきなり「これ、お願いします」は失礼じゃない**？何の説明もなく、こんなもの渡されたって、私じゃ何のことかわかりもしないわよ～。

From：先生

To：ケイコ

Question：

近所の方から、突然「これ、お願いします」と頼まれましたが、これは失礼な頼み方ではないですか？

Answer：

この場合は、まず、何の前置きもせずに突然頼むという点に、行動の点でも、言語表現の点でも問題があったといえるでしょうね。

お互いがいつも何かを依頼し合うような関係であれば「これ、お願いします」と言っても十分に受け入れてもらえるかもしれません。

しかし、相手に何かを頼むことは、同時に、相手に負担をかけることにもなるのだと考えられます。ですから「相手に負担をかけている」という意識を持って、その気持ちを表すことが、相手に配慮した表現であるといえるでしょう。

今回のような場合は「すみませんが……」や「お忙しいところ申し訳ないですが……」などの**前置き**を加えるだけで、随分と印象が違ってくるはずです。また、依頼することが当然のことであるかのように受け取られる「お願いします」という言い方よりも「これ、お願いできますか」「お

願いしてもいいですか」などの婉曲的な表現を使う方が、
相手への配慮を十分に表すことができると思いますよ。

そうよ。だいたい初めて会う相手に対して、いきなり「これ、お願いします」は、ないわよね。「これ、回覧していただけますか」くらい言ってくれないとさぁ。

でも、「他人のふり見て、我がふり直せ」ね。

私も気を付けなきゃ。

keiko's memo

（相手に何かを頼む場合）

×【これ、お願いします】

○→「すみませんが(お忙しいところ申し訳ありませんが)、

これ、お願いします」

＝前置きを付ける

○→「これ、お願いできますか」

＝婉曲的な表現にする

取ってもらってもいいですか

今日は、お母様の誕生日。お母様お気に入りのお寿司屋さんで、誕生日祝いをすることにしたの。

ちなみに私、カウンターで食べるお寿司は初めて。内心、緊張してるのを悟られないよう、笑顔をせいいっぱいキープしているところよ。

ケイコ「お母様、どうぞお好きなものを召し上がってくださいね。」

お母様「ありがとう、ケイコさん。私、この店のお寿司が大好きなのよ。
そうね、まずはいつもの握りをいただこうかしら。」

——しばらく食事を楽しむ——

ケイコ「すみません。お母様、お醤油を**取ってもらってもいいですか。**」

お母様「はい、どうぞ。ところでケイコさん。
『取ってもらってもいいですか』なんて回りくどい言い方しなくてもいいのよ。遠慮せずに、何でも言ってちょうだいね。」

ま、回りくどい言い方でしたか……？

だって、お母様に「お醤油取って」なんて、気軽にお願いするのも悪いじゃない？

From：先生

To：ケイコ

Question：

お母様に「お醤油を取ってもらってもいいですか」とお願いしたら、回りくどい言い方だと思われたようです。このような言い方は間違っているのでしょうか。

Answer：

例えば「～てもいいですか」「～てもよろしいですか」などは、**基本的には自分のすることについて、相手に許可を求める言い方**です。しかし「取ってもらってもいいですか」という表現は、自分が取るのではなく**相手が取ることを要求しています。**つまり「取ってください」「取ってちょうだい」という、依頼や指示をするときの表現と同じ内容を表すものなのです。

そのため、本来ならば依頼や指示の表現だけで済むところを、相手の許可を求める表現に変えているということになり、その分だけ**回りくどい印象**を与えてしまうのだといえますね。相手が指示や依頼を簡潔に行える状況であれば、このような回りくどい表現を避けて「取ってください」などと言う方が良いでしょう。

ただし「取ってもらってもいいですか」という表現には、**押し付けるような印象をなくし、相手への配慮を表そうという気持ちが働いているのだとも考えられます。**より丁寧な言い方でお願いをしたいという思いが回りくどい表現をさせてしまっているのかもしれませんね。

相手に何かお願いしようと思うと、そのことを相手が不快に感じるんじゃないかとか、負担になってしまうんじゃないかとか、つい気にしてしまうのよね。

でも、今回みたいにお醤油を取ってもらうくらいのことなら、ずばり「取ってください」で、問題のないことなのよ。

それに、回りくどいよりスマートな言い方のほうが、相手にも自分のお願いをきちんと伝えられると思うわ。

keiko's memo

【取ってもらってもいいですか】

○→「取ってください」

★自分が取ることを要求しているのに、相手の許可を求める「～てもいいですか」という表現を使用しているため、回りくどい印象を与えてしまうことがある。

★指示や依頼が簡単に行えることであれば、ストレートな表現を使う方が良い。

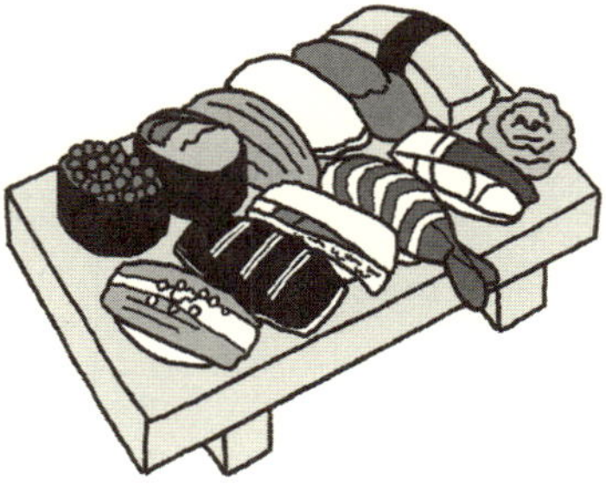

◆◆◆◆◆マニュアル敬語◆◆◆◆◆

久しぶりに、ダーリンと二人で外食したときのこと。支払いを済ませてお店を出た後で、ダーリンと何気なくこんな会話をしたの。

ダーリン「お金を払うときに、レジの人が『**千円からお預かりします**』って言うんだけど、あの言い方って変だよね。」
ケイコ「そ、そうよね。変よね……。」
ダーリン「『千円をお預かりします』でも、いいような気がするんだけどなぁ。
ねえ？」

今まで気にしたことがなかったけど、言われてみると「千円からお預かりします」って変かも。「千円から……」の「から」って、どういう意味があるの？

どうも調べてみたら、この言い方はコンビニエンスストアやファストフード店、ファミリーレストランなどで接客用に使われる**「マニュアル敬語」**っていうんだって。

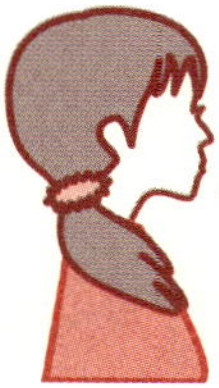

おそろいになりましたでしょうか

お母様にランチに誘われ、予約困難といわれる、有名シェフのレストランへ。

えっ？　これでランチなの？　ディナーじゃなくて？

と、思わず目を見張るほどの、豪華な料理が次々と運ばれてきたわ。

ケイコ「おいしそうですね、お母様。」

店　員「**ご注文の品はおそろいになりましたでしょうか**？」

お母様「え、ええ。すべてそろいましたよ。」

店　員「それでは、ごゆっくりお過ごしくださいませ。失礼いたします。」

――店員が去る――

お母様「最近は、どこのお店でも『ご注文の品はおそろいになりましたでしょうか』っておっしゃるのね。なぜかしら？」

レストランの店員さんが料理をすべて運び終えてから、「ご注文の品はおそろいになりましたでしょうか」って言ったのよ。お母様、どうやらこの言い回しが気になったみたい。

この言葉、ファミレスでも他の飲食店でもよく聞くのよね。

つまり**「マニュアル敬語」**にちがいないわ。
丁寧な言葉遣いをしているように聞こえるんだけどな……。

From：先生
To：ケイコ
Question：

レストランの店員さんの「ご注文の品はおそろいになりましたでしょうか」という言い方は、どこが間違っているのでしょう。また、どのように言うのが正しいのでしょうか。教えてください。

Answer：

「ご注文の品はおそろいになりましたでしょうか」という表現には、**敬語が誤って使われています**。「お～になる」は尊敬語の形であるため、この場合**「おそろいになる」とするのは「ご注文の品」を立てていることになってしまいます**。したがって、本来は「ご注文の品は、そろいましたでしょうか」または「ご注文の品は、以上でよろしいでしょうか」と言うのが適切なのです。

このような言葉は、主に飲食店などでの接客用に、マニュアル化された言葉（マニュアル敬語）です。マニュアル敬語は、言葉の上でのサービスの質を、ある水準に保つために考えられたものです。したがって、このような言葉を使う人が、それぞれの言葉に、どのような気持ちが込められているのかをよく考えれば、その効果が期待できるものだといえるでしょう。ただし、そのためにはマニュアル敬語を使う側、または指導する側が、マニュアルという「型」を基礎としながらも、言葉の表現について絶えず考え、工夫を重ねて改良していく姿勢でいることが大切なのです。マニュアル敬語には、さまざまな問題があるといわれていますが、それは、そのような姿勢を持とうとしないことに原因があると考えられています。

接客のための「マニュアル敬語」とはいえ、実際には、お客さんの立場からすると不自然な言い方に聞こえることもあるのよね……。

まあ、敬語を使おうという精神はいいんだけど…。

keiko's memo

×【ご注文の品はおそろいになりましたでしょうか】

○→「ご注文の品は、そろいましたでしょうか」

○→「ご注文の品は、以上でよろしいでしょうか」

★「お～なる」は尊敬語の形。「おそろいになる」では、お客様ではなく「ご注文の品」を立ててしまうことになる。

★「マニュアル敬語」は、言葉の上のサービスの質を、ある水準に保つために考えられた接客用語として使われている。

◆◆◆◆◆地域の敬語◆◆◆◆◆

ダーリンと二人、仲良く京都を観光していたときのこと。

祇園の街で、舞妓さんを見かけたの。

舞妓さんのはんなりとした佇まい、おっとりとした口調……。ついつい見とれてしまったわ。

って！　ダーリンまで舞妓さんに見とれているじゃない!?
どういうことなの（怒）！

ケイコ「ちょっと、舞妓さんに見とれすぎよ！」
ダーリン「ごめん、ごめん。綺麗だなって思って。和服の似合う女性って、やっぱり素敵だな。それに、京都の言葉遣いも独特の雰囲気があって魅力的だよね。『**おこしやす**』とか……。」

ダーリンが和服の似合う女性や京都の言葉遣いが魅力的だ、なんて言うもんだから、ちょっと嫉妬して調べてみたの。

【おこしやす】
「ようこそ、お越しくださいました」という意味。
お客様を迎えるときに使われる丁寧な言葉。

ふーん。

つまり「おこしやす」は、**京都で使われている敬語表現**ってこと？

ほかの地域にも、京都みたいに特有の敬語があるのかしら??

先生も行かれますか

お母様の茶道教室には、大勢の生徒さんが通っているの。一人ひとりの顔と名前も、少しずつ覚えてきたところよ。

その中で、最近、立山さんという方と仲良くなったの。立山さんは北陸地方の出身で、大学時代に知り合った旦那様と結婚したんですって。嫁いだ先は老舗の旅館らしくて、いろいろと大変なことも多いみたい。特に、嫁と姑の関係とか……（わかる、わかるわ！）。私とは年齢も近いせいか、とても気が合うのよね♪

さて、これは、いつものお稽古が終わった後で、立山さんとお母様が交わした会話よ。

立山さん「先生、ありがとうございました。では……。」
お 母 様「立山さん。お伝えし忘れたことがありましたわ。来月、伊藤先生が主催するお茶会があるのですが、ご予定はいかが？」
立山さん「そのお茶会には、ほかの生徒さんや、西園寺先生も**行かれますか**？」
お 母 様「ええ。出席しますよ。」

立山さん「そうですか。では私も喜んで出席いたします。」
お母様「わかりました。伊藤先生にそのように伝えておきますね。」
立山さん「はい。それでは、失礼いたします。」

さすが、老舗旅館に嫁いだ立山さん。丁寧な言葉遣い……。

でも、ひとつ気になったことがあるの。

それは、立山さんの「行かれますか？」っていう言葉。

丁寧な言葉に聞こえるんだけど、あまり聞き慣れない言い方なのよね。少し違和感があったけど、私だけかしら？

先生に対して尊敬語を使うのなら「行く」は「いらっしゃる」でいいはずよ。そうすると「行かれる」は、間違った言い方なんじゃないかって思うの。

どう？　かなり説得力あるんじゃない？

でもメールで確認するわよ。

念のため、念のためよ！

From：先生

To：ケイコ

Question：

茶道教室の生徒さんが、お母様に「先生も（お茶会に）行かれますか？」と尋ねました。この言い方は、敬語の使い方として正しいのでしょうか？

Answer：

この場合は、ケイコさんがおっしゃる通り**「行かれますか」よりも「いらっしゃいますか」の方が、ふさわしい言い方**です。

「行かれますか」も尊敬語の表現として間違いではないのですが、**東京圏における尊敬語としては「行かれる」よりも「いらっしゃる」の方が、敬語の程度が高く、より一般的な言い方**として使われています。

同じ敬語であっても、使用する状況や考え方については、地域によってさまざまな違いがあります。「行かれる」で、先生への十分な配慮を表せる地域もあれば、そうではない地域もあるのです。

地域の言葉には、それぞれに敬語の仕組みが備わっていますので、そのことを理解し尊重する気持ちが大切ですね。

私は東京生まれだけど、立山さんは北陸出身だったわね。

地域によっては方言もあるわけだし、敬語の言い方も違ってくるんだわ。育った環境や住んでいる場所によって言葉の表現が違うなんて、面白いわね。

keiko's memo

【先生も行かれますか】

○→「先生もいらっしゃいますか」

★「行かれますか」も尊敬の表現として間違いではないが、東京圏では「行かれる」よりも「いらっしゃる」の方が、敬語としての程度が高く、一般的である。

どこから来はったんですか

お母様の用事で、大阪に来ているの。

大阪といえば、たこ焼き、お好み焼き……。私の好きな食べ物がたくさんあるわ♪

ダーリンにもお土産を買って帰らなくちゃね。

大阪といえば「大阪弁」も特徴あるわよね。

威勢のいい感じだけど、どこか温かみがあって、私は好きだわ。それに大阪の人って、おしゃべり上手で面白いイメージもあるし。

大阪にも、きっと地域に根付いた敬語の言い方があるに違いないわ。それとなくチェックしてみようっと。

そんなとき、駅からホテルへ向かうタクシーの車内で、運転手さんとのおしゃべりが楽しくて……！

運転手「お客さん、どちらまで？」

ケイコ「〇×ホテルまで、お願いします。」

運転手「了解しました。ところで、お客さん、**どちらから来はったんですか**？」

ケイコ「え？」

運転手「大阪の人ちゃいますやろ？」

ケイコ「ええ。東京から来ました。どうして、おわかりになるんですか？」

運転手「そりゃ、わかりますよ。なんていうの、わたしらとはオーラが違いますわ。がははは っ！」

運転手さん、ホテルに着くまでの間、ほとんど一人でしゃべってたわ。

私、運転手さんの「どちらから来はったんですか？」っていう言葉に、ちょっと戸惑っちゃった。「どこから来たの？」って聞かれてるんだろうな、ってことは、なんとなくわかったけど、やっぱり聞き慣れていなくて……。

でも、お客さんと話すわけだから、これも敬語表現なのかしらね？

From：先生

To：ケイコ

Question：

大阪で、タクシーの運転手さんに「どちらから来はったんですか」と聞かれました。普通は「どちらからいらっしゃったんですか」のような言い方をすると思うのですが、これも敬語の言い方の一つなのでしょうか。

Answer：

「来はった(来はる)」という言い方は、関西で多く用いられている敬語表現ですね。各地の方言には、全国共通の敬語にはない特有の敬語があり、これは**「方言敬語」**とも呼ばれています。

今回のように「〜はる」を使った表現によって、**話し手は相手との程よい距離を作っていると考えられます**。つまり「どちらから来はったんですか」は、当地の人にとっては「どちらからいらっしゃったんですか」という表現ほど改まることもなく「どこから来たん（＝どこから来たの）」ほどくだけ過ぎず、**適度な親近感を持ちながら相手を立てる表現と見なされる**のです。

また「〜はる」は、尊敬語の性質を持ちながら「お父さんはいてはりません」のように、身内に対して使われることもあります。これは、全国共通語の敬語とは異なっている点ですね。

このように、各地の方言敬語は語形の上で多様であるなど、敬語として表現する意味や働きの上で、全国共通語の敬語とは異なる場合もあります。

運転手さんの言葉にも、私に対して親近感を持ちながら丁寧に話そうとする気持ちが込められていたのね。言葉には、それぞれの地域の人の性格や特徴が表れているのかもしれないわ。

keiko's memo

【どちらから来はったんですか】

○→「どこからいらっしゃったんですか」と「どこから来たん(＝どこから来たの)」の中間に位置する敬語表現で、適度な親近感を持ちながら相手を立てる表現として、主に大阪などの関西方面で使われている。

○→「～はる」という表現には尊敬語の性質があるが、「お父さんはいてはりません」のように身内に対して使われることもある。

★各地の方言には、全国共通語の敬語にはない、特有の敬語(＝方言敬語)がある。

◆◆◆◆◆敬語のいろいろ◆◆◆◆◆

これまで学んできた敬語は、あくまで私たちが日常的に使っている言葉なの。

でも、敬語には、このほかにも特定の地域で生まれたものや、職業のうえで使われているものもあるのよ。この章では、それらについて紹介しておくわね。

1．最上級の敬語

「最上級」って、どんだけ～？　なんて驚かないでね。知っておくと一目置かれるかも？

2．山の手言葉

山の手と言えば、セレブで上品なマダムたち。私もこんな風になりたいものね。

3．廓《くるわ》言葉

江戸時代の遊郭で、遊女たちが使っていた言葉のことよ。時代劇などで聞いたことがあるわ。

4．社会人の敬語

企業などでは必須のビジネスマナーよ。あなたは適切な敬語を使えているかしら。

5．アルバイトの敬語

「コンビニ」や「ファミレス」などで使われる、接客用語の疑問を解き明かすわよ！

最上級の敬語

後輩のアヤノから連絡があって、久しぶりにランチでもどう？　って話になったの。それで今、待ち合わせ中なんだけど……。

あっ！　アヤノが道の真ん中で「せんぱ〜い」って叫びながら手を振っているわ。

ちょっと、周りの人たちが見てるでしょ！

恥ずかしいからそんなに大声出さないでよ〜！

はぁ……相変わらず元気なのね。さてさて、まだお昼までには時間もあることだし、ちょっとぶらぶらしますか。

アヤノ「まさか、あのケイコ先輩が茶道の家に嫁ぐなんて。びっくりしましたよ。」

ケイコ「まあね。私だって、ふさわしいお嫁さんになれるように頑張ったのよ。敬語を勉強してみたりして……。」

アヤノ「へぇ〜、敬語の勉強ですかぁ？　なんか、敬語が使えたら、どこに行っても怖いものなしって感じですよね。これを使えばオッケー！　みたいな敬語って、あるんですかね？」

ケイコ「オッケーって、軽いわね。
でもまあ、最上級の敬語として使われる言葉はあるわね。」
アヤノ「最上級の敬語？　何それ、マジで良さそう。
ねえねえ、教えてくださいよ～！」

というわけで、カフェに入って、ケイコのよくわかる敬語講座～！

テーマは「最上級の敬語」。

つまり最上級の敬語表現ってことね。日常会話の中でも、相手や状況に応じて最上級の敬語を使えると、ワンランク上の敬語表現ができるのよ♪

例えば……。

「今日はいい**お天気**ですね」

「お天気」は「天気」に「お」を付けた美化語。「天気」より「お天気」って言った方が、丁寧な印象を受けるでしょ？

でも、これは普段からよく使う敬語表現よね。では、これを**「最上級の敬語」**にしてみましょう。

「今日は、いい**お日和**ですね」

「日和」は、晴れの天気や、良い天候のことを言うときに使う言葉よ。

特に目上の人には「お日和」とすると、敬意もぐっと高まるわね。

ほかには……。

・「先程のお話」→「**先刻**のお話」

・「ご忠告ありがとうございます」
→「お**諌**《いさ》**め**ありがとうございます」

・「甘いものはお嫌いですか」
→「甘いものはお**厭**《いや》ですか」

という言い方もあるわ。

あまり聞き慣れない言葉かもしれないけど、敬語の知識として知っておくといいわよ♪

山の手言葉

アヤノ「お姑さんは茶道の家元かぁ。
やっぱり『おほほほ……お上品**ざます**』みたいな感じですか？」
ケイコ「何よそれ（笑）。
残念ながら、お母様は『～ざます』とはおっしゃらないわよ。」
アヤノ「なぁんだ、がっかり。
『～ざます』って、上品なご婦人たちのしゃべり方だと思ってたのにな～。」
ケイコ「あんたねぇ……。」

ケイコのよくわかる第２回、敬語講座タイム♪

アヤノの言う「～ざます」という言葉遣いについて、説明するわね。

「～ざます」という言葉遣いは、**東京の山の手の地域に住むご婦人たちの間で広まった丁寧語**だといわれていて**「山の手言葉」**と呼ばれてきたものよ。

山の手といえば、**東京の高級住宅街**。だから、そこに住む上流家庭のご婦人たちが使う言葉……っていうイメージが定着し

ているみたいなのね。ちなみに使い方としては、

「ここが私の家です」

↓

「ここが私の家**ざます**」

といった感じかしら。「～でございます」「～です」と同じように用いられるそうよ。

また、

・「～でございます」

→「～でござあます」→「～ざます」

・「～でござります」→「～ざます」

・「～ざんす」→「～ざます」

などのように変化したともいわれているわ。

「ざあます言葉」なんて呼ばれて、上品ぶった言葉遣いだとされてきたようだけど、これも**日本の方言の一つ**みたいね。

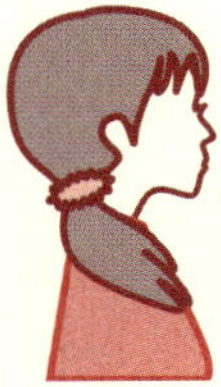

廓《くるわ》言葉

ケイコ「ダーリンと二人で京都に行ったときにね、舞妓さんを見かけたんだけど……。」

アヤノ「舞妓さんかぁ。あの着物姿とメイク、一度はやってみたいですよね～。
あ、舞妓さんっていうか、実は花魁にも興味があって。花魁道中とか、すっごく憧れてるんですよ。私もあんな風に着飾って、しゃなり、しゃなりと街を歩いてみたいな。
『アヤノ太夫で**ありんす**』なんつって♪」

ケイコ「ふ～ん。**廓言葉**ってやつね。」

アヤノ「く・る・わ・言葉？　何ですか、それ??」

あら、アヤノの目が「？」になっているわ。まるで以前の私みたいよ（笑）。

それでは、ケイコ先生が「廓言葉」について、優しく解説してあげようかしら。アヤノさん、よく聞いておくよ～に！

「廓言葉」というのは、江戸時代の遊廓で遊女たちが使っていた言葉のことよ。「ありんす言葉」とも呼ばれているわ。

〈廓言葉の例〉

・「～であります」→「～でありんす」
・「～ありません」→「～ありんせん」
・「～ございます」→「～おばんす」
・「飲みなさい」→「飲まんし」
・「自分（わたし）」→「わちき」
・「お客」→「ぬし」　など

これらの言葉は、どことなく優雅な印象を与えるけれど、上品さを演出することだけでなく、**遊女のお里（出身地）を隠すという目的もあった**そうなの。

遊女はお客さん（男性）に華やかな夢を見せるのが仕事よ。方言丸出しでは、その夢も醒めちゃいそうよね。ましてや、大都会・江戸の花魁（高級遊女）であれば、洗練された都会の女性であってほしいという、男性側の願いもあったのね。

お里を知られることなく、都会の女性のように振る舞っていられる「廓言葉」は、遊女とお客さん、お互いにとって都合の良い言葉だったみたいよ。

社会人の敬語

　久しぶりに会ったせいか、まだまだ話が尽きない私たち。アヤノは最近、派遣社員として働いているんだって。

アヤノ「敬語と言えば、私、会社の電話応対とか、自信ないんですよね〜。
みんな、よく流暢に話せるなぁって思いますよ。
この間なんか、同僚が電話口で『お名前頂戴できますか』なんて言ってたけど、そういう**ビジネス敬語**みたいなの、どこで教えてもらうんですかね〜？」

ケイコ「え？　何ですって。さっきの言葉、もう一度言ってみてくれる？」

アヤノ「**『お名前頂戴できますか』**ですよ。」

ケイコ「ふ〜ん。それは、正しい言葉遣いとは言えないわね。」

アヤノ「えっ？　そうなんですか??」

「お名前頂戴できますか」……確かに、よく聞く言い回しよね。どこにも問題ないように聞こえると思うけど、実は、この言葉遣いにはおかしな点があるのよ。

「頂戴する」（＝いただく）は「もらう」や「受け取る」という意味の、謙譲語の敬語表現だから、社外の人に対して使う言葉としては、ふさわしいと思うの。

でも、これは、基本的には物などをもらうときに使われる言葉よ。だから「名前」に対して「頂戴する」というのは、適切ではないとされているの。

「頂戴する」を使わない言い方をするのなら、「お名前をお聞かせいただけますか」や「お名前をうかがってよろしいですか」のように言うこともできるわね。

このほかに「△△は、**本日はお休みをいただいております**」なんていうのも、気になる言い方よ。

休みは会社からもらったわけで、話す相手からもらったものではないでしょ？　これは「△△は、本日は休んでおります」のように、普通の言い方で応対しても問題のないことなの。

職場によっては、マニュアル化されている言い回しもあるかもしれないけれど、一般的な敬語表現と掛け離れすぎていないかどうか、考え直してみるのもいいかもしれないわね。

アルバイトの敬語

さてさて、ちょうどお腹も減ってきたころ。本日の目的地にたどり着いたわ。独身時代にアヤノとよく行ったレストランよ。今でも、たまに行きたくなっちゃうのよね。

アヤノ「ケイコ先輩。注文決まりました？」

ケイコ「ええ。決まったわ。」

店　員「ご注文をおうかがいします。」

アヤノ「私はチョコレートパフェと、コーヒー。先輩はどうします？」

ケイコ「チーズケーキと紅茶をお願いします。」

店　員「はい。かしこまりました。**ご注文は以上でよろしかったでしょうか。**」

ケイコ「あっ、はい……。」

アヤノ「先輩、どうしちゃったんですか？　急に固まっちゃって!?　何か気に障ることでもありました？」

ケイコ「気になる……。店員さんの言葉遣いが気になるのよ……！」

……ふう。これほど人の言葉遣いを気にするなんて。これも敬語の勉強の成果……っていうか、ひょっとして、お母様に似てきたんじゃないかしら!?

さて、私が気になったのは……。

ご注文は以上でよろしかったでしょうか

これよ。ファミリーレストランなどの飲食店で、よく耳にする言い回しね。

でも、ちょっと考えてみて。たった今、お客さんの注文を確認するのに「よろしかったでしょうか」と、**過去形の言い方をしている**わよね。その場で注文を聞いて確認している状況で、過去形の言い方をするなんて、不自然に聞こえないかしら？

ここでは、わざわざ過去形にしなくても、

ご注文は以上でよろしいでしょうか

とすれば、適切な言い方のはずよ。

このように、飲食店などで使われる接客用語で**「マニュアル敬語」**と呼ばれるものがあることは、前にも説明したわね。

それじゃあもう一つ、コンビニエンスストアでよくある言い回しについても、触れておくことにするわ。

お弁当の方、温めますか？

コンビニでお弁当を買ったお客さんには、だいたいこのような言い方をしているようね。

「～の方」という言い方は、**話題とするものをぼかして言う表現とされる**の。例えば「スポーツの方はどうも苦手でして……」といった具合に、「（スポーツの）分野・方面」という意味で用いられているわ。

でも、ここでお弁当を温めるかどうかを尋ねる場合には、使う必要のない表現よ。だから、

お弁当は、温めますか？

という言い方でいいはずなの。

ただ、例えば**お弁当とおにぎりを買ったお客さんに対しては**
「お弁当の方は、温めますか？」
としても間違いではないわ。

「〜の方」は、方向を示す意味でもあるから、お弁当以外に複数のものを買ったお客さんに対しては、この尋ね方でも問題ないのよ。

このような「マニュアル敬語」に対しては、人によって気になったり、気にならなかったりする場合もあるようね。

敬語の使い方や言葉遣いそのものより、お客さんの方を見ずに話したり、丁寧な話し方でも気持ちがこもっていないように感じられる接客の仕方について、指摘する意見もあるわ。

形だけの敬語では、相手には気持ちが伝わらないわよね。言葉だけじゃなくて、表情やふるまい方、気遣いなどにも、相手への敬意が表れるものなのよ。

おわりに

西園寺家に嫁いでからというもの、「あ〜、もっと学生のときに真面目に勉強すればよかった」と後悔しっぱなし！

不思議なものね、勉強する機会がなくなってからの方が、「勉強したい」という気持ちが強いように思うわ。仕事や家事に追われる身になったからこそ、学ぶ必要性や楽しさを、本当の意味で実感できるんでしょうね。

よく考えれば、敬語を話すことが必要不可欠になるのも、大人になってからの方が圧倒的に多いわよね。

だからこそ「あれ？　この敬語って正しいの？」って、ふと疑問に思うのよ。でも、いまさら誰かに教わるのも恥ずかしい……。これも、大人ならではの感覚なのかもしれないわね。

文法上正しい敬語を使うことも、もちろん重要だと思うわ。でも、本当に大切なのは「相手を立てる気持ち」を伝えることだと思うの。大人だからこそ、敬語を使った会話を心から楽しみたいものよ。

では、あなたの素敵な笑顔と知的な会話を応援して……、私ことケイコは、ダーリンとお母様との楽しい日常に戻ります。

皆様に幸あれ！

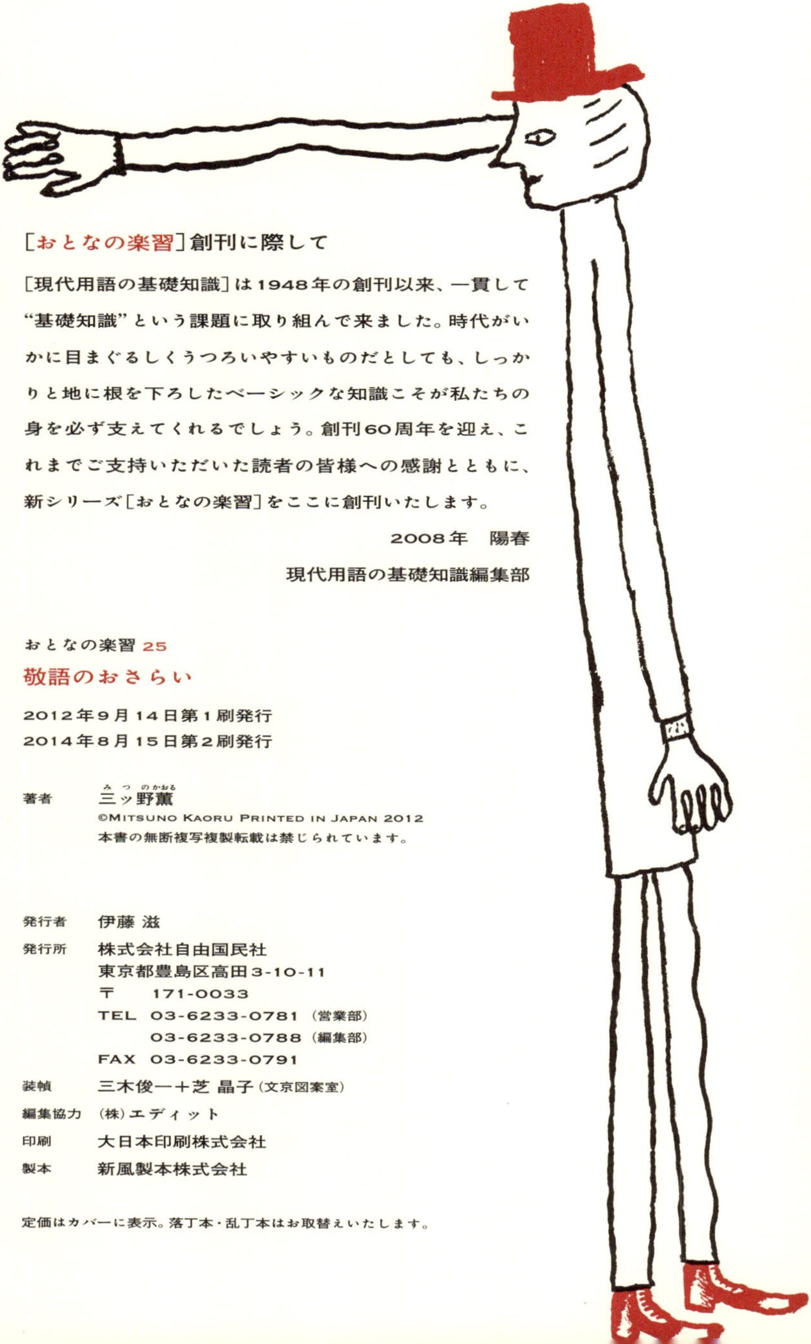

［おとなの楽習］創刊に際して

［現代用語の基礎知識］は1948年の創刊以来、一貫して“基礎知識”という課題に取り組んで来ました。時代がいかに目まぐるしくうつろいやすいものだとしても、しっかりと地に根を下ろしたベーシックな知識こそが私たちの身を必ず支えてくれるでしょう。創刊60周年を迎え、これまでご支持いただいた読者の皆様への感謝とともに、新シリーズ［おとなの楽習］をここに創刊いたします。

2008年　陽春

現代用語の基礎知識編集部

おとなの楽習 25

敬語のおさらい

2012年9月14日第1刷発行
2014年8月15日第2刷発行

著者　三《み》ッ《つ》野薫《のかおる》

発行者　伊藤 滋

発行所　株式会社自由国民社
東京都豊島区高田3-10-11
〒　171-0033
TEL　03-6233-0781（営業部）
03-6233-0788（編集部）
FAX　03-6233-0791

装幀　三木俊一＋芝 晶子（文京図案室）

編集協力　（株）エディット

印刷　大日本印刷株式会社

製本　新風製本株式会社

定価はカバーに表示。落丁本・乱丁本はお取替えいたします。